Markante jezuïeten uit de Lage Landen

Canisius, Verbiest, Lessius, Regout

Markante jezuïeten uit de Lage Landen
Canisius, Verbiest, Lessius, Regout

Mark Rotsaert S.J.
Barbara Segaert
(red.)

PEETERS
LEUVEN
2007

Fotoredactie: Frederik Hulstaert

D. 2007/0602/138
ISBN 978-90-429-2003-3

Inhoudstafel

S · FRANCISCO

Woord vooraf

Mark Rotsaert S.J.
Voorzitter van de Conferentie van Europese SJ-Provinciaals

Het jaar 2006 was een jubeljaar voor de Sociëteit van Jezus. In 1506, precies vijfhonderd jaar geleden, zag Franciscus Xaverius het levenslicht in Javier in Navarrra. In datzelfde jaar werd Pierre Favre geboren in Villaret in de Franse Savoie. Toen Ignatius van Loyola in 1528 vanuit Spanje te Parijs aankwam voor verdere studie, betrok hij de studentenkamer waar Franciscus Xaverius en Pierre Favre verbleven. Deze drie studenten vormen de kern van een groepje van tien dat enkele jaren later – in 1539 – de Sociëteit van Jezus sticht. Franciscus Xaverius wordt in 1540 naar het Verre Oosten gezonden. Hij is de eerste missionaris van de jonge Orde. Pierre Favre verdeelt zijn werkterrein tussen Duitsland, waar het protestantisme steeds sterker wordt, en Spanje en Portugal. Hij wordt naar het Concilie van Trente gezonden, maar sterft onderweg in Rome in 1546. Ignatius blijft in Rome en bestuurt de nieuwe Orde. Bij zijn dood in 1556 zijn er ongeveer duizend jezuïeten over de wereld verspreid. 1556: dit is vierhonderd vijftig jaar geleden. 2006 was dus een jubileum met drie jubilarissen.

Om dit jubileum te vieren richtte het Universitair Centrum Sint-Ignatius Antwerpen, waarover u meer verneemt in het nawoord van deze uitgave, een lezingenreeks in over markante jezuïeten uit de Lage Landen: Peter Canisius, Ferdinand Verbiest, Leonardus Lessius en Robert Regout. De laatste twee lezingen werden respectievelijk in samenwerking met de Lessius Hogeschool, Antwerpen en het Instituut voor Joodse Studies van de Universiteit Antwerpen, georganiseerd.

Deze markante jezuïeten werden door specialisten aan een geïnteresseerd publiek voorgesteld. Dit boek wil de inhoud van de lezingen nu voor een breder publiek toegankelijk maken.

Mark Rotsaert S.J., toespraak ter gelegenheid van de openings-ceremonie van UCSIA in de Carolus Borromeus, Antwerpen, op 10 december 2005

Petrus Canisius speelde een vooraanstaande rol in de ontplooiing van een netwerk van scholen in de Duitssprekende gebieden en zijn catechismus werd een bestseller voor de geloofsverkondiging in zijn tijd (en nog lang daarna). Ferdinand Verbiest werd om zijn kennis van de wiskunde en de astronomie in China tot het keizerlijk hof toegelaten. Ook als werktuigkundige werd hij zeer gewaardeerd. Leonardus Lessius speelde in eigen land een vernieuwende rol op het gebied van de economie. Zijn standpunten in verband met interest en andere handelskwesties waren uiterst vernieuwend. Deze drie markante jezuïeten leefden op het einde van de zestiende en in het begin van de zeventiende eeuw. Niet minder markant is Robert Regout, die leefde tijdens de eerste helft van de twintigste eeuw. Als jurist en hoogleraar in Nijmegen was hij bijzonder geïnteresseerd in kwesties van internationaal recht. Aan zijn leven kwam abrupt een einde: hij stierf in het concentratiekamp van Dachau in 1942.

Blijven we stilstaan bij wat deze vier jezuïeten in hun leven hebben gedaan, dan valt op hoezeer ze allen in heel verschillende richtingen en in andere disciplines actief zijn geweest. Het is opvallend hoezeer zij met maatschappelijke kwesties bezig waren, theoretisch inzicht en praktijkkennis wisten te combineren, vaak innoverend werk verrichtten en blijk gaven van grote pedagogische kwaliteiten. Ze hadden zich door studie en vorming ernstig voorbereid. Academische excellentie was deze vier jezuïeten niet vreemd.

Hoe verschillend ook hun werk – én hun karakters – er is een dieperliggende eenheid die hen met elkaar verbindt. Het zijn vier jezuïeten. Dit wil allereerst zeggen dat de gelovige dimensie de drijfveer was in hun leven. Dat blijkt ook uit de verschillende bijdragen. Maar die gelovige dimensie had een eigen vorm gekregen vanuit de ignatiaanse spiritualiteit waarin zij jarenlang zijn gevormd en hebben geleefd.

Ignatius leert zijn vrienden – in Parijs en later in Rome – leven te midden van spanningsvelden. Zo is er een spanning tussen vertrouwen op God en het gebruik van de eigen talenten. Maar er zijn nog vele andere spanningsvelden waarin een jezuïet zal leven: de spanning tussen bidden en werken, de spanning tussen samenzijn en zending, de spanning tussen gehoorzaamheid en leren uit ervaring, de spanning tussen het centrum en de periferie van de Kerk, ... De spiritualiteit van Ignatius vraagt dat je leert leven van creatieve spanningen (cf. de titel in de Nederlandse vertaling van het verhelderende boekje van W.A. Barry S.J. en R.G. Doherty S.J., *Ignatius achterna. Leven van creatieve spanningen*, Averbode, 2005).

Leren leven van creatieve spanningen is een dynamisch proces. Het evenwicht dat je op een bepaald moment mag gevonden hebben tussen bijvoorbeeld bidden en werken is altijd een beetje een wankel evenwicht. Je kunt nooit zeggen dat je nu eens en voor goed een volkomen evenwicht hebt bereikt. Het leven voert je steeds verder, je komt altijd weer voor nieuwe situaties te staan en telkens opnieuw zoek je een nieuw evenwicht. Met andere woorden, je wordt telkens opnieuw uitgedaagd om nieuwe keuzes te maken, keuzes die met je diepe gelovige drijfveer in overeenstemming zijn. Dat is de vrucht van de *Geestelijke Oefeningen* van Ignatius.

Petrus Canisius is druk bezig met het oprichten van colleges en het organiseren van het bestuur van de jonge orde in Duitsland. Maar tegelijk schrijft hij catechismussen voor verschillende leeftijden. Ferdinand Verbiest brengt de Europese wiskunde en astronomie tot in het keizerlijk hof in Peking, maar hij publiceert ook een filosofische encyclopedie in zestig volumes. Bovendien is hij belast met het bestuur van de jezuïetenorde in China. Leonardus Lessius schrijft over economische vraagstukken, maar tegelijk werkt hij aan een boek over de genade. Hun werkzaamheden op verschillende gebieden worden vanuit hun gelovige drijfveer bijeengehouden. Zó was de eerste generatie van jezuïeten in de zestiende en zeventiende eeuw.

Dit is ook duidelijk in het leven van Carolus Scribani, die in 1598 rector wordt van het jezuïetencollege in Antwerpen en in 1613 provinciaal van de Provincia Flandro-Belgica. Hij publiceert onder meer een boek met morele richtlijnen voor politici, *Politicus Christianus*. Maar hij schrijft ook een boek over het lijden van Christus, *Christus Patiens*. Niet toevallig vinden we zijn naam terug in het Scribani-netwerk dat, binnen UCSIA, zeventien Europese instituten van jezuïtische inspiratie in een samenwerkingsverband bijeenbrengt. Onder andere op deze manier tracht ook vandaag de Sociëteit van Jezus haar rijke traditie verder te zetten. Ook hierover leest u méér in het nawoord.

De spanningsvelden zijn in het leven en werk van deze jezuïeten uit de zestiende en zeventiende eeuw duidelijk aanwezig, maar ook de bron van waaruit het mogelijk wordt om creatief met deze spanningsvelden om te gaan.

Robert Regout stierf op 46-jarige leeftijd. Zijn wetenschappelijke carrière was nog in een beginfase toen hij door de Gestapo gevangen werd genomen. Tijdens zijn gevangenschap in Berlijn en Dachau blijkt overduidelijk hoezeer zijn christelijk geloof de bron was van waaruit hij hoop en bemoediging putte tot het einde toe.

Moge dit boek allen inspireren die ook vandaag willen leven van creatieve spanningen.

ADVERSVS
RDINANDO
IMPERATORI
ROMANORVM

Opvoeding en onderwijs in catechese en colleges
Petrus Canisius als humanistisch pedagoog

Paul Begheyn S.J.

> Heel veel is er gelegen aan het eerste onderricht van de jeugd. Wat iemand op jonge leeftijd in zich heeft opgenomen, kan er moeilijk weer uit weggenomen worden, zoals ook nieuw vaatwerk lang de smaak en geur blijft behouden van wat er het eerst is ingegoten.[1]

Dit zijn wijze woorden van een opvoeder die niet alleen goed weet te observeren, maar ook heeft gereflecteerd over zijn eigen ontwikkeling. Hier is Petrus Canisius aan het woord, 56 jaar oud, voor de zestiende eeuw een man op leeftijd. Over zijn jeugd zijn wij goed ingelicht mede dankzij het *Geestelijk Testament* dat hij kort vóór zijn dood op 21 december 1597 te Fribourg in Zwitserland dicteerde en waarvan het volledige handschrift in 1996 werd ontdekt. Het strenge oordeel dat hij daarin geeft over zijn eigen kwajongensstreken dienen we overigens met een korreltje zout te nemen: spiritueel hoogstaande mensen hebben immers nogal eens de neiging zichzelf zwart en zondig af te schilderen. Hoe zag de opvoeding van deze opvoeder er in feite zelf uit?

Peter Kanis[2] – pas als student aan de universiteit verlatijnste hij zijn naam tot Petrus Kanisius of Canisius – werd op 8 mei 1521 geboren in de zelfbewuste Gelderse stad Nijmegen, waarvan zijn vader Jacob Kanis, een talentvol en veelbereisd diplomaat, vele jaren burgemeester was. In zijn jeugd had Peter meer dan eens van nabij ervaren hoe zorgvuldig zijn vader in politiek precaire situaties wist te handelen. Na het vroegtijdige overlijden van zijn moeder Jelis van Houweningen, kwam hij via zijn stiefmoeder Wendel van den Bergh in contact met zijn oom Burchard van den Bergh[3], een internationaal vooraanstaand theoloog. Nog belangrijker was de invloed die hij onderging van zijn oudtante Reinalda van Eymeren[4], zuster in het Sint-Agnietenklooster te Arnhem, en schrijfster van de mystieke bestseller *Die Evangelische Peerle.* Zij introduceerde hem in de rijkdommen van de Vlaamse en Duitse middeleeuwse mystiek. In zijn geboortestad was Peter leerling op de school van de Broeders van het Gemene Leven. Vanaf 1534

Onbekend Nederlands kunstenaar, Peter Canisius, 17de eeuw

studeerde hij aan de universiteit van Keulen, waar hij bevriend raakte met de fijnbesnaarde Oisterwijkse priester Claes van Esch, die de traditie van de Moderne Devotie belichaamde, en met de kartuizers Johannes Justus Landsberg en Gerard Kalckbrenner, die zich onderscheidden door een degelijk geloof en een gezonde eigentijdse spiritualiteit. Met zijn kritische editie van de preken van de mysticus Johann Tauler in 1543 – het eerste boek dat ooit door een jezuïet werd uitgegeven – en de kort daarop volgende edities van de werken van Cyrillus van Alexandrië en Leo de Grote bewees Canisius al op jonge leeftijd dat hij kritisch met bronnen wist om te gaan. Met het behalen van het doctoraat in de theologie aan de universiteit van Bologna in 1549 rondde hij zijn wetenschappelijke vorming af. Sinds zijn intrede in de jezuïetenorde op 22-jarige leeftijd te Mainz had hij bovendien een geestelijke vorming ontvangen die hem in staat stelde in verwarrende situaties de wil van God te onderscheiden en zich een realistische en optimistische visie op mens en wereld eigen te maken. Petrus Canisius was een uitmuntend latinist, in wiens geschriften – volgens een van zijn biografen – 'het ruisend ritme van Cicero'[5] te horen was. Hij was goed bekend met Erasmus, wiens roem als literator volgens hem boven alle kritiek verheven was. En hij had veel waardering voor de onderwijsmethode van de Keulse universiteit, waarin de onderwijsmodellen van zowel de Moderne Devoten als die van de Parijse universiteit gehanteerd werden. Overigens zwoer ook Ignatius van Loyola bij die *modus Parisiensis* toen de inrichting van de jezuïetencolleges aan de orde kwam.

Drie facetten van Canisius' pedagogie zullen aan bod komen: Canisius als bouwer van een netwerk van colleges in Centraal-Europa; Canisius als auteur van een drievoudige catechismus; en Canisius' betrokkenheid bij het samenstellen van de *Ratio Studiorum*, de studiemethode van de jezuïeten vanaf het einde van de zestiende eeuw.

Een netwerk van colleges

Het opzetten van colleges behoorde oorspronkelijk niet tot de taken die de Sociëteit van Jezus zich bij haar stichting in 1540 had gesteld. In het eerste decennium van haar bestaan had deze vorm van apostolaat, door de Constituties van de orde bestempeld als een 'werk van naastenliefde', nog geen gestalte gekregen.[6] Dit veranderde toen Ignatius van Loyola op aandringen van de onderkoning van Sicilië, Juan de Vega, in maart 1548 besloot tien jezuïeten naar Messina te sturen om daar het eerste college te beginnen. De groep bestond uit vier hooggekwalificeerde priesters – onder wie Canisius – en zes priesterstudenten en was zo internationaal mogelijk samengesteld. Aan elk van hen werd gevraagd of hij bereid was deze missie te aanvaarden, waarop Canisius antwoordde:

> Als ik naar Sicilië moet gaan, kan ik slechts in alle eenvoud verklaren, dat ik volmaakt tevreden zal zijn met elke opdracht en elk ambt dat mij wordt opgedragen: kok, tuinman, portier, student, of leraar in welk vak dan ook, ook al zou ik er nog niets van weten.[7]

Ruim een jaar was hij er leraar in de retorica en predikant. In Messina ontdekte hij voor het eerst in de praktijk wat een goede opvoeder te doen staat. Zijn verworven pedagogische inzichten gaf hij door aan zijn medebroeders die taken te vervullen hadden in de colleges van de orde. Zo hield hij de Zwitserse collegeprefect Georg Salbius het volgende advies voor:

> Van tengere plantjes, die nog niet door het leven gehard zijn, moet men niet al te veel eisen. Langzaamaan groeien die op en worden ze sterker. Dikwijls zijn ze meer met lof dan met berisping gebaat. Als we er zien, die slechts traag vooruitgaan, dan kunnen en moeten wij daar ons eigen beeld in zien. [...] De vooruitgang van een enkeling, die een vermaning goed ter harte neemt, moet meer bij ons tellen dan de lauwheid en traagheid van vele anderen. [...] We dienen er slechts voor te zorgen, dat we ons de vrede niet laten ontnemen door een al te voortvarende ijver tegen andermans fouten.[8]

'Het vermenigvuldigen van colleges en scholen van de Sociëteit in vele landen' beschouwde Ignatius als de beste manier om in Duitsland de geestelijke gevaren tegemoet te treden, zo liet hij in 1554 aan Canisius weten.[9] En al eerder, vanaf 1551, hadden de jezuïeten vier à vijf colleges per jaar geopend, overigens niet alleen in Duitsland. Zelf kon Petrus Canisius de stichting van een groot aantal scholen en colleges, rechtstreeks of zijdelings, op zijn conto schrijven in Duitsland, Oostenrijk, de Tsjechische Republiek, Zwitserland, Frankrijk en Polen.[10] Bij de keuze van de locaties voor de colleges ging Canisius doordacht te werk en toonde hij zich een 'stedelijk strateeg'.[11] Dit blijkt onder meer uit zijn reactie op het aanbod van de bisschop van Ljubljana, die een verlaten klooster beschikbaar stelde voor de huisvesting van een college:

> Het lijkt niet raadzaam dat onze Sociëteit zich terugtrekt in dunbevolkte gebieden, waar bepaalde kloosters zich bevinden. Tot grotere eer van de Heer en tot grotere stichting van de naaste zal het passender zijn om het college te vestigen in een hoofdstad van een provincie, waar een overvloediger oogst van zielen te verwachten is uit liefde voor Jezus Christus gekruisigd.[12]

De colleges van de Sociëteit werden aldus gevestigd in steden en op locaties, die het kruispunt vormden van politieke, kerkelijke en maatschappelijke stromingen.[13] Het is een strategie die vergelijkbaar is met de selectie van de personen die werden uitgenodigd om de *Geestelijke Oefeningen* te doen: mensen die vanuit hun positie invloedrijk zijn binnen hun netwerk en aldus het geleerde en ervarene kunnen doorgeven. Zo kunnen zij, naar een gelukkige uitspraak van de vorige Algemene Overste van de jezuïetenorde, Pedro Arrupe, *agents of change* worden, bemiddelaars van verandering.

Deze jezuïetencolleges voldoen aan de volgende acht karakteristieken.[14]

1. De efficiëntie, aantrekkelijkheid en moderniteit van het onderwijssysteem van de jezuïeten bestond uit een samengaan van scholastieke tradities, humanistisch cultuurgoed en vernieuwde pedagogische concepten.

2. Het pedagogisch ideaal van de Sociëteit werd beheerst door de reeds vermelde ‘modus Parisiensis’: een onderwijsinstelling met internaat. Maar ook aan externe leerlingen was gedacht, geheel in overeenstemming met het jezuïtische vermogen om zich aan te passen aan nieuwe situaties en opgaven. Gymnasia en lycea telden gemiddeld driehonderd tot vijfhonderd studenten, grotere instellingen hadden bij tijd en wijle duizend leerlingen. Minder dan een kwart van de gymnasiasten en lyceïsten woonden in internaten.

3. De jezuïetenorde kende in haar onderwijssysteem geen sociale numerus clausus. Het onderwijs was gratis voor iedereen en de Sociëteit spande zich in om leerlingen te bevrijden van de plicht om schoolgeld te betalen, ongeacht hun confessionele achtergrond. In de wijze waarop de jezuïeten hun leerlingen vormden tot een elite was geen plaats voor een klassenstelsel.

4. De jezuïetenorde begon in het derde kwart van de zestiende eeuw een onderwijsmodel te ontwikkelen dat een verregaande gelijkvormigheid voor alle landen binnen Europa nastreefde. Dit model vond zijn definitieve formulering in de *Ratio Studiorum* van 1599, waarin drie fasen te onderscheiden zijn: de gymnasiale filologie, de lycea-universitaire filosofie en als bekroning, de theologie.

5. Als handboek voor de filosofie en de theologie schreef de Sociëteit de werken voor van respectievelijk Aristoteles en Thomas van Aquino. Voor de filologische vakken ontwikkelden de jezuïeten echter zelf hun leerstof, zoals de Latijnse grammatica van Manuel Álvarez, het leerboek der retorica van Cipriano Suarez, de *Progymnasmata latinitatis* van Jakob Pontanus, het leerboek Grieks van Jakob Gretser en het leerboek geschiedenis van Orazio Torsellini. Als catechismus bleef de drievoudige uitgave van Canisius maatgevend. Al deze boeken ontstonden in de zestiende of eerste kwart van de zeventiende eeuw, maar bleven vaak in zwang tot ver in de achttiende eeuw, ook in de Nederlanden. Zo werd het geschiedenisboek van Torsellini nog in 1763, tien jaar vóór de opheffing van de jezuïetenorde door paus Clemens XIV, te Utrecht herdrukt.[15]

6. De jezuïtische pedagogiek en didactiek volgden een streng geformaliseerde canon van regels, waarbij Latijn en religiositeit tot de centrale doeleinden van de vorming en opvoeding waren verheven. Intensieve religieuze praktijk (kerkbezoek, vaststaande gebedstijden, 'geestelijke oefeningen') werden strak gehandhaafd voor alle leerlingen, evenals het dicteren, bekritiseren, repeteren en uit het hoofd leren.

7. De uniformiteit van het leerprogramma aan de gymnasia, lycea en universitaire faculteiten beantwoordde aan de homogeniteit van het lerarencorps. De jonge jezuïetenstudent (*scholasticus*) kon het zo van leraar aan het gymnasium, via docent aan het lyceum, tot hoogleraar aan de universiteit brengen.

8. Het door de jezuïeten gepropageerde, 'personeel-intensieve' onderwijssysteem in architecturaal dure gebouwen in eigen bezit kon slechts gerealiseerd worden als de financiële basis ervoor absoluut verzekerd was. De last daarvan lag uitsluitend op de schouders van externe stichters en weldoeners.

Tot aan haar opheffing in 1773 heeft de Sociëteit een netwerk gecreeerd van meer dan achthonderd onderwijsinstellingen, voornamelijk in Europa en Latijns-Amerika, waardoor zij in belangrijke mate de religie en de cultuur in vele gebieden ter wereld beïnvloedde. Tegelijkertijd had de grote aandacht voor onderwijs en opvoeding grote repercussies ten aanzien van de mogelijkheden en inhoud van haar apostolaat.

De catechismus

De catechismus van Petrus Canisius gaat terug op een uitgesproken wens van Rooms-Koning Ferdinand, die wilde dat de Nijmegenaar, volgens zijn *Geestelijk testament,*

> niet alleen via het gesproken woord, maar ook met de pen zou werken en voor zijn in het geloof aangetaste Oostenrijkse onderdanen een catechismus zou samenstellen, die met Gods genade de afgevallenen op zachte wijze zou kunnen oprichten en de afgedwaalden tot de ware weg zou kunnen doen terugkeren.[16]

Zelf had Canisius al eind 1549 de behoefte aan een dergelijk leerboek onder woorden gebracht, naar het voorbeeld van de lutherse catechismussen, maar als auteur ervan had hij niet zichzelf, maar enkele van zijn medebroeders op het oog. Toen de een na de ander niet beschikbaar bleek, zette Canisius zichzelf aan het werk. Het zou hem uiteindelijk drie jaar in beslag nemen. Toen hij in 1554 de kopij ter goedkeuring voorlegde aan Rooms-Koning Ferdinand, reageerde deze opgetogen en liet weten dat het zowel in het Latijn als het Duits ter beschikking diende te komen van zijn onderdanen. Hij zou het laten voorschrijven aan alle

Houtsnede in de oudste uitgave van de Latijnse catechismus van Petrus Canisius, Wenen, 1555

scholen in zijn gebieden. Maar voordat het zover was, zou er nog heel wat water door de Donau stromen. Ignatius immers wenste het manuscript nog te zien en legde het vervolgens ter beoordeling voor aan twee theologen uit de Societeit, die hier en daar correcties aanbrachten. Nog voordat de tekst aan de drukker werd overgedragen, vaardigde Ferdinand in augustus 1554 een verordening uit, waarin hij de catechismus voorschreef voor al zijn onderdanen. Het boekje, dat pas eind april 1555 van de pers kwam, bevatte enkele houtsneden, telde 193 pagina's en vermeldde de naam van de auteur niet. Liefst drie edities verschenen nog in hetzelfde jaar, die slechts op kleine onderdelen van elkaar afwijken, gevolgd door nog eens twee uitgaven in het volgende jaar. Canisius heeft aan zijn catechismus een heldere structuur gegeven: 'de christelijke leer bestaat uit wijsheid en gerechtigheid.' Onder het eerste hoofdstuk schaart hij geloof, hoop en liefde, alsmede de sacramenten en onder het tweede hoofdstuk drie elementen: het kwade mijden, het goede doen en de vier uitersten. Elk van die onderdelen kent weer een verdere onderverdeling. Deze structuur wordt in 211 vragen uiteengezet, die over het algemeen kort en bondig zijn, terwijl de antwoorden soms tamelijk uitvoerig zijn. De tekst is een weefsel van Bijbelteksten en citaten van kerkvaders en enkele latere theologen, zij het spaarzaam. Scholastieke auteurs bleven onvermeld, omdat deze bij de reformatoren moeilijk lagen. Onder meer hieruit blijkt dat Petrus Canisius in zijn catechismus enerzijds zeer duidelijk de grenzen trok tussen de katholieke en protestantse geloofsopvattingen, maar anderzijds in zijn methodiek irenisch wilde zijn en de zaak niet op de spits wilde drijven. Die houding blijkt ook uit het feit, dat hij in zijn catechismus zijn tegenstanders nergens bij naam heeft genoemd. Dit is een attitude die ook blijkt uit een brief die Canisius enkele jaren later schreef aan de katholieke theoloog Wilhelmus Lindanus, hoogleraar aan de universiteit van Dillingen, die nogal grof te keer ging tegen zijn protestantse collega's:

> Geleerde mannen zijn het er met mij over eens, dat u in uw geschriften veel zaken minder grof zou moeten uitdrukken, vooral waar u in uw teksten valse toespelingen maakt op de namen van Calvijn, Melanchthon en anderen. Dergelijke geestigheden zouden er misschien bij volksredenaars mee doorkunnen, maar theologen van onze tijd moeten daar geen plezier aan beleven. Met dergelijke scherpe geneesmiddelen genezen wij de zieken niet, maar maken wij hun kwalen alleen maar ongeneeslijker. Van harte, krachtig en nuchter moet men de waarheid verdedigen, opdat onze vriendelijkheid aan alle mensen bekend wordt, en wij voor zover mogelijk zelfs van buitenstaanders een goed getuigenis ontvangen.

Een echo van deze attitude klinkt ook in zijn *Geestelijk Testament*, waarin hij tegenover God bekent:

> Mijn jaren, maanden en dagen zijn een niets, wanneer zij niet gemeten worden met de maat van uw mildheid.

De verschillende versies van de eerste druk van de catechismus uit de jaren 1555-1556 duiden aan dat Canisius continu bleef schaven aan zijn werk, onder meer noodzakelijk geworden door de uitspraken van het concilie van Trente. Een herziene editie daarvan verscheen begin 1566.

Tegelijkertijd had Canisius ingezien dat er naast deze 'grote catechismus' twee andere catechismussen wenselijk waren: een voor schoolkinderen, de 'kleinste catechismus', die meestal als aanhangsel van gebedenboeken of zangbundels werd uitgegeven en een voor scholieren, 'de kleine catechismus', die het midden hield tussen de twee eerder genoemde uitgaven. Voor deze kleine catechismus had Petrus Canisius, bescheiden maar kordaat, een kort voorwoord geschreven:

> Wat ik hier aanbied is vóór mij al vaker en op voortreffelijke wijze gedaan door vele theologen. Het staat vrij om de geschriften van anderen te lezen en daaraan de voorkeur te geven boven het mijne. Ik wil dat niet verhinderen of afraden, als de kleinen van Christus maar hun heilzame en drinkbare melk krijgen. Het heil van de kinderen gaat ons ter harte. Dat bevorderen wij met vreugde, wij die leven in dit Gezelschap met de naam Jezus. Wij voelen ons geroepen om de jeugd kennis en vroomheid bij te brengen, zoveel wij daartoe in staat zijn met Christus' genade.

Van de eerste editie van de kleine catechismus, eind 1558 te Keulen gedrukt, is geen enkel exemplaar bewaard gebleven, noch van de rond Pasen 1559 verschenen tweede druk, noch van de derde druk uit juni, noch van de vierde druk uit november van hetzelfde jaar. Hierop is meer dan ooit de wet van boekhistorici van toepassing: 'Hoe populairder een boek is geweest, hoe minder exemplaren je ervan terugvindt.'

Bij onderlinge vergelijking van deze drie catechismussen wordt de middelste het meest geprezen als 'de gulden middenweg'. Een van de lofredenaars was kardinaal Roberto Bellarmino:

> Zou ik – toen ik in opdracht van mijn oversten mijn Italiaanse catechismus schreef – destijds bekend geweest zijn met de kleine catechismus, dan had ik mij beslist niet uitgesloofd om een nieuwe catechismus te schrijven. Ik zou dan gewoon de catechismus van Canisius uit het Latijn in het Italiaans vertaald hebben.

De waardering voor de kleine catechismus blijkt tevens uit het feit dat deze van de drie, in de loop van de eeuwen, de meeste heruitgaven en vertalingen heeft gekend.

> Als we engelen waren, zouden we geen behoefte hebben aan kerken of eredienst of beelden, maar we zijn nu eenmaal maar mensen. Gebonden aan dit logge vlees verheft onze ziel zich soms, maar valt dan spoedig weer terug. Het is noodzakelijk dat de Kerk ons onophoudelijk eraan herinnert dat we klaar zijn om te vergeten.
> De dichter Horatius heeft ooit gezegd: wat via de oren gaat dringt niet zoveel de geest binnen als wat iemand onder ogen komt.

Met uitspraken zoals deze gaf Petrus Canisius het belang aan van het visuele element binnen de vorming en opvoeding. Het is de pedagogische trits van zien-kennen-geloven. In de allereerste catechismus van 1555 waren al illustraties opgenomen, zij het slechts enkele. Twintig jaar later verscheen een editie van de kleine catechismus bij de Antwerpse uitgever Johannes Bellerus waarin 56 kleine houtsneden een wezenlijke rol speelden. In publicaties als deze dienden de illustraties als begeleiding van de tekst; het waren boeken met plaatjes. In 1574, had de fameuze Antwerpse drukker Christoffel Plantijn plannen met Canisius gemaakt voor een dergelijke geïllustreerde catechismus, getuige de volgende brief:

> De boven- en onderschriften bij de afbeeldingen, die u gestuurd hebt, bevallen mij. Ze komen niet alleen van pas voor uw boek, maar zullen ook afzonderlijk kunnen verschijnen. Ik verzoek u daarom dringend om aan te geven welke afbeeldingen u allemaal geschikt acht om vroomheid, godsvrucht en de herinnering aan Gods weldaden te wekken. Zegt u ook, zoals u al begonnen bent, welke tekst boven en onder de illustraties afgedrukt moet worden. Weest u niet bang voor de kosten die wij moeten maken voor de kunstenaar en de graveur.

Om onbekende reden liep het project vervolgens spaak. Het plan voor een beeldcatechismus werd dertien jaar later opnieuw opgepakt, nadat in Rome een Italiaanse catechismus was verschenen, waarin het beeld de hoofdrol speelde. Deze uitgave betekende de definitieve impuls en het belangrijkste voorbeeld voor Plantijn om iets dergelijks te ondernemen. Zo verscheen in 1589 een boek met 103 etsen bij Plantijn, in samenwerking met de van oorsprong Haarlemse kunstenaar Philips Galle en de Mechelaar Pieter van der Borcht. In het voorwoord schreven de uitgevers:

> Op de vijfentwintigste sessie van het Concilie van Trente is bepaald, dat de bisschoppen de ongeschoolde ogen van de ongevormden moeten onderrichten in de godsdienst met behulp van afbeeldingen van voorstellingen. Hun voetstappen volgend en om velen van dienst te zijn hebben wij dit boek in het licht gegeven, rijk aan afbeeldingen en met meer illustraties dan het Romeinse boek. Daarin hebben wij de geloofszaken zo ingedeeld, dat wij ze zoveel mogelijk afstemmen op bepaalde verhalen uit de Heilige Schrift, zodat geloof en verhaal uit een en dezelfde bron geput kunnen worden. Bij elke afbeelding is de uitleg geplaatst, die de jezuïet Petrus Canisius in zijn christelijk onderricht heeft gegeven.

De beeldcatechismus van Canisius uit 1589 was een van de laatste uitgaven van Christoffel Plantijn, die op 1 juli van dat jaar overleed. Er zijn sterke aanwijzingen dat dit rijk geïllustreerde boek als voorbeeld heeft gediend voor de beeldcatechismus die de Spaanse franciscaan Bernadino de Sahagún bij het godsdienstonderricht van de Azteken gebruikte en waarin Europees beeldmateriaal en plaatselijke Nahuatl iconografie hand in hand gaan.

Hoezeer Canisius onderwijs en catechese was toegedaan blijkt uit zijn emotionele uitroep:

> Laat anderen zich maar verontschuldigen wegens hun bezigheden, laten zij maar streven naar kerkelijke functies die verhevener zijn en meer opbrengen, laten zij dit dienstwerk [van catechetisch onderricht] maar onbetekenend en zwaar vinden, laten zij er zich maar slim aan onttrekken om niet met kinderen als het ware weer kind te moeten worden. Maar Christus, de goddelijke wijsheid in eigen persoon, schaamt zich niet om uitermate vertrouwelijk met kinderen om te gaan, hij geeft opdracht om ze naar hem te brengen, hij omhelst degenen die uit zichzelf naar hem toekomen, hij kust ze vol liefde, hij legt hun zijn handen op en zegent ze, hij bestemt de engelen tot hun dienaren en beschermers, hij maakt hen tenslotte tot burgers van het hemelse koninkrijk en tot zijn eigen erfgenamen boven anderen.

Tijdens het leven van Canisius verschenen er 347 verschillende edities van zijn catechismus en na zijn dood nog eens 832 edities. De catechismus is in 28 verschillende talen verschenen, inclusief het Gronings dialect, Lets, Welsh, Ethiopisch, Japans, Chinees, Hebreeuws, Reto-Romaans en Madagaskisch. Hiermee is de catechismus van Petrus Canisius het meest gepubliceerde boek van een Nederlands auteur in de geschiedenis.

De studiemethode van de jezuïeten

Vanaf de stichting van het eerste college te Messina in 1548 groeide het aantal colleges van de Sociëteit in een verbazingwekkend tempo tot 245 in 1600[17], evenals het aantal jezuïeten zelf, dat binnen vijfenveertig jaar vernegenvoudigde, om bij de eeuwwisseling uit te komen op 8272.[18] Om eenheid te brengen in de studiemethodes op al die colleges in Europa, Azië en Amerika wenste de leiding van de orde vanaf 1565 een document op te stellen, waarin een gemeenschappelijke aanpak voor alle onderwijsinstellingen zijn beslag zou krijgen. Nadat er enkele preliminaire teksten waren opgesteld, verscheen in 1586 een eerste ontwerp, dat in 1591 in een herziene versie verscheen, om in 1599 uit te monden in de definitieve *Ratio Studiorum*, die sindsdien gold als handvest voor het onderwijs binnen de jezuïetenorde. Deze 'wetstekst' bestrijkt vier gebieden: bestuur, curriculum, methode en discipline.[19] De redactie van deze tekst was toevertrouwd aan drie jezuïeten van Spaanse herkomst: Juan de Polanco, die secretaris van de Sociëteit was sinds Ignatius Algemeen Overste was; Jerónimo Nadal, die als geen ander de geest van de orde wist te vertolken; en Diego de Ledesma, studieprefect aan het Collegio Romano. Het samenstellen van een uniforme tekst over de studiemethode was geen eenvoudige zaak, omdat de colleges in drie geheel verschillende gebieden waren gevestigd: gebieden die geen noemenswaardige verandering hadden ondergaan ten gevolge van de reformatie en in wezen katholiek waren gebleven; gebieden die in meer of mindere mate op godsdienstig terrein waren beïnvloed en veranderd door de reformatie; en missiegebieden. Bij het opstellen van de *Ratio Studiorum* lijkt er een kloof te hebben bestaan tussen het administratieve centrum van de orde in Rome en de werkers in de wijngaard. Want het is opmerkelijk dat iemand als Petrus Canisius, die zozeer met hart en ziel de katholieke reformatie in Centraal-Europa trachtte te realiseren, met name door het stichten van colleges en het schrijven van een drievoudige catechismus, in het geheel niet werd geraadpleegd bij het samenstellen van de *Ratio Studiorum.*[20] Weliswaar wordt die catechismus nog vermeld in de nog niet definitieve versies van de *Ratio* – 'Wij hebben niets wat helderder, genuanceerder is, in goed Latijn, betrouwbaar en solide', zo luidde het nog in 1586 -, maar in de definitieve versie van 1599 is zelfs die aanbeveling verdwenen. Een zeker onvermogen om zich in te leven in de situatie van katholieken in protestantse gebieden, waarmee ook stichter Ignatius van Loyola behept was, lijkt hieraan debet te zijn. In dit verband is het opmerkelijk dat Petrus Canisius wel in de gelegenheid werd gesteld een inbreng te hebben in de definitieve versie van de biografie van Ignatius door Pedro de Ribadeneyra.[21]

Een indicatie van de mogelijke inbreng van Petrus Canisius in de studiemethode van de Sociëteit van Jezus is te vinden in een drietal documenten van zijn hand die alle betrekking hebben op de studie der theologie.[22] Het eerste document is een brief van Canisius uit 1567 aan André Fabricius uit Hodège bij Luik, die door bemiddeling van paus Pius V was aangesteld tot opvoeder van Ernst van Beieren. Het tweede is het hoofdstuk over de opleiding van theologiestudenten van het Collegium Germanicum te Rome, uit zijn vermaarde memorie van 1583, opgesteld voor Claudio Aquaviva, algemeen overste van de Sociëteit. Het derde en laatste document is een uitvoerig advies aan priesters over de wijze waarop zij hun vroegere studies kunnen bijhouden en aanvullen.

Op basis van deze gegevens kan gesteld worden dat de bijdrage van Petrus Canisius aan de studiemethode van de jezuïetenorde veeleer te vinden is in zijn dagelijkse praktijk als opvoeder via het stichten van colleges, het publiceren van zijn catechismus en andere boeken en het schrijven van brieven en rapporten, dan in de uiteindelijke tekst van de *Ratio Studiorum* van 1599.

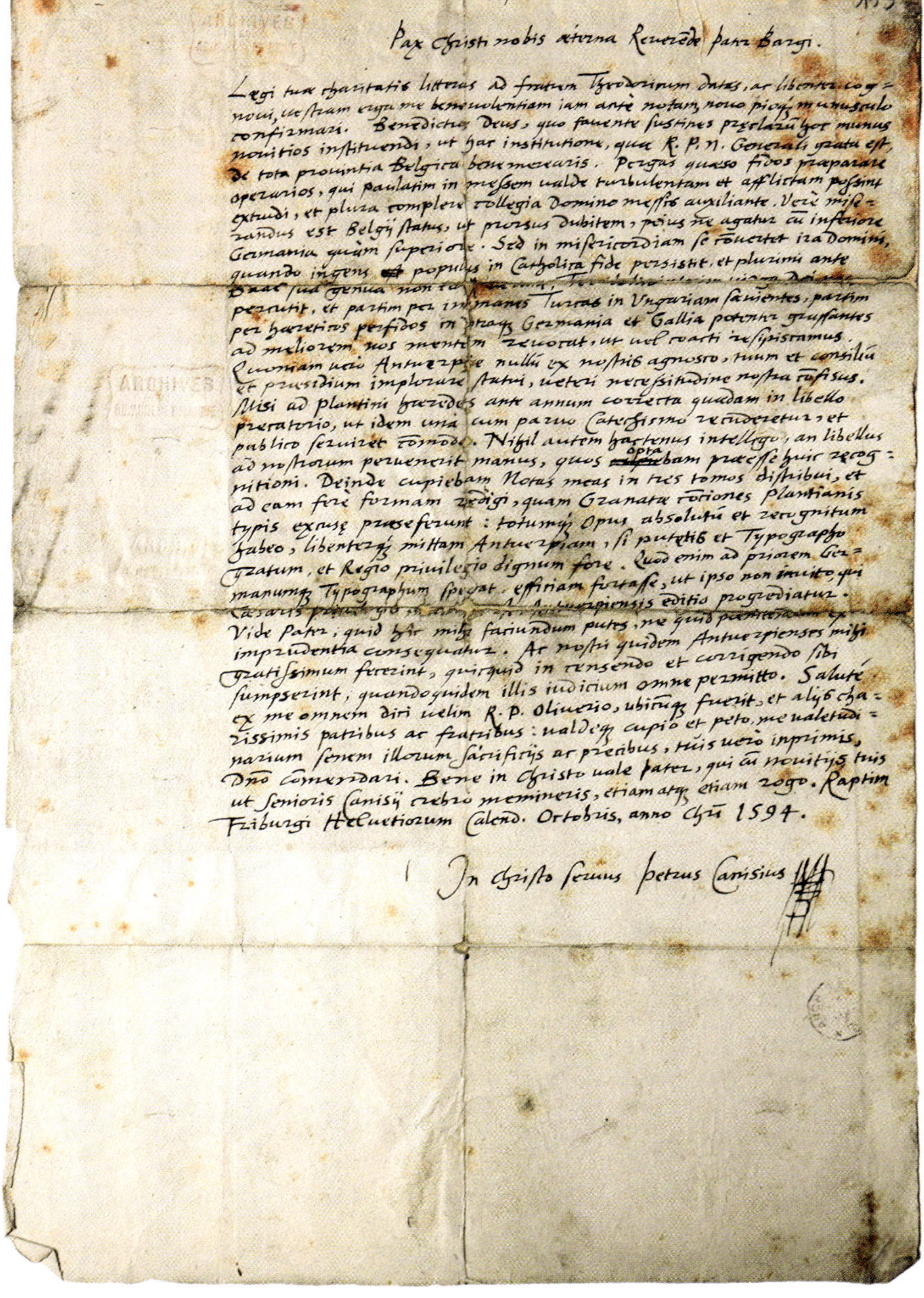

†

153

Pax Christi nobis aeterna Reverende pater Bargi.

Legi tuae charitatis litteras ad fratrem Theodoricum datas, ac libenter cog-
novi, vestram erga me benevolentiam iam antè notam, novo pioque munusculo
confirmari. Benedictus Deus, quo favente sustines praeclarum hoc munus
novitios instituendi, ut hac institutione, quae R. P. N. Generali grata est,
de tota provintia Belgica bene merearis. Pergas quaeso fidos praeparare
operarios, qui paulatim in messem valde turbulentam et afflictam possint
extrudi, et plura complere collegia Domino messis auxiliante. Verè mise-
randus est Belgij status, ut prorsus dubitem, peius ne agatur cum inferiore
Germania quàm superiore. Sed in misericordiam se convertet ira Domini,
quando ingens populus in Catholica fide persistit, et plurimi ante
Baal sua genua non [illegible]
percutit, et partim per immanes Turcas in Vngariam savientes, partim
per haereticos perfidos in utraque Germania et Gallia potentes grassantes
ad meliorem nos mentem revocat, ut vel coacti resipiscamus.
Quoniam verò Antverpiae nullum ex nostris agnosco, tuum et consilium
et praesidium implorare statui, veteri necessitudine nostra confisus.
Misi ad Plantini haeredes ante annum correcta quaedam in libello
precatorio, ut idem una cum parvo Catechismo recuderetur, et
publico serviret commodo. Nihil autem hactenus intelligo, an libellus
ad nostrorum pervenerit manus, quos opta[ba]m praeesse huic recog-
nitioni. Deinde cupiebam Notas meas in tres tomos distribui, et
ad eam ferè formam redigi, quam Granatae conciones Plantianis
typis excusae praeseferunt: totumque Opus absolutum et recognitum
habeo, libenterque mittam Antverpiam, si putetis et Typographo
gratum, et Regio privilegio dignum fore. Quod enim ad priorem Ger-
manumque Typographum spectat, efficiam fortasse, ut ipso non invito, qui
Caesaris [illegible] Antverpiensis editio progrediatur.
Vide Pater, quid hic mihi faciundum putes, ne quid poenitendum ex
imprudentia consequatur. At nostri quidem Antverpienses mihi
gratissimum fecerint, quicquid in censendo et corrigendo sibi
sumpserint, quandoquidem illis iudicium omne permitto. Salutem
ex me omnem dici velim R. P. Olivierio, ubicunque fuerit, et alijs cha-
rissimis patribus ac fratribus: valdeque cupio et peto, me valetudi-
narium senem illorum sacrificijs ac precibus, tuis verò inprimis,
Dno commendari. Bene in Christo vale pater, qui cum novitijs tuis
ut senioris Canisij crebro memineris, etiam atque etiam rogo. Raptim
Friburgi Helvetiorum Calend. Octobris, anno Chri 1594.

In Christo servus Petrus Canisius

Conclusie

Als humanistisch pedagoog is Petrus Canisius een markante persoonlijkheid geweest uit de eerste generatie van jezuïeten. Begiftigd met spirituele en intellectuele talenten die hij van huis uit en via zijn vorming op school en universiteit had ontvangen, is hij erin geslaagd om een beslissende invloed uit te oefenen op de opbouw en kwaliteit van het katholieke leven in grote delen van Europa in de zestiende eeuw en na zijn dood is zijn invloed tot ver in de negentiende eeuw tastbaar gebleven via zijn catechismus. Bij de viering van zijn vierhonderd vijftigste geboortedag in 1971 huldigde de Nijmeegse historicus Louis Rogier hem, voorafgaand aan het aanbrengen van een gedenksteen op de plaats waar eens het geboortehuis van Canisius had gestaan, met een klinkende toespraak waarin de volgende zin:

> De les van dit nobele leven ligt in de harmonie van een toenmalig nonconformisme, dat de eigen dogmatische beginselvastheid paarde aan een *laissez-faire*, waarin de kiem lag besloten van een positief religieus vrijheidsprincipe.[23]

Bij de viering van de vierhonderdste sterfdag van Petrus Canisius in 1997 presenteerde de Duitse bondspresident Roman Herzog, een Beierse protestant, met verve en humor Canisius als

> een onderwijshervormer van een formaat dat men tegenwoordig nauwelijks vindt. [...] Bij hem stond niet op de eerste plaats het functioneringsvermogen van een systeem op de voorgrond, maar de individuele mens en de vorming van zijn persoonlijkheid. [...] Het motto van de jezuïeten 'iuvare animas' [de zielen helpen], waarnaar Canisius werkte, betekent goed verstaan: het doorgeven van hoogachting, oriëntatie en sociale competentie.[24]

Mij dunkt dat daarin het wezen van elke jezuïet, van elke humanistische pedagoog en dus ook van Petrus Canisius besloten ligt.

Brief van Canisius uit Fribourg aan pater J. Bargius, 1594

1. Petrus Canisius, *Commentariorum de Verbi Dei corruptelis*, I, Ingolstadii, 1583, p. 98 (herdruk van de editie 1577).
2. Er bestaat een hardnekkige, maar volledig onjuiste gewoonte om de familienaam *Kanis* te beschouwen als een vertaling van *De Hond*.
3. Paul Begheyn, 'Burchard van den Bergh', in *Nijmeegse Biografieën*, I, Hilversum, 2004, pp. 18-19.
4. Paul Begheyn, 'Reinalda van Eymeren', in *Biografisch Woordenboek Gelderland*, 2, Hilversum, 2000, pp. 28-30.
5. J.H.M. Tesser, *Petrus Canisius als humanistisch geleerde*, Amsterdam, 1932, p. 260.
6. John W. O'Malley, *The First Jesuits*, Cambridge MA / London, 1993, pp. 200-242.
7. Canisius aan Ignatius van Loyola, Rome 5 februari 1548, in O. Braunsberger (ed.), *Beati Petri Canisii, Societatis Iesu, Epistulae et Acta* [hierna vermeld als: PCEA], Friburgi Brisgoviae, 1896-1923, I, pp. 262-263.
8. Canisius aan Georg Salbius S.J., Fribourg, 26 september 1593, in PCEA VIII, p. 356.
9. Ignatius aan Canisius, Rome, 13 augustus 1554, in *Monumenta Historica Societatis Iesu. Sancti Ignatii Epistolae et instructiones* XII, p. 261.
10. Over de door Canisius gestichte colleges lopen de meningen van historici uiteen, blijkens de volgende twee voorbeelden. Rainer A. Müller, 'Schul- und Bildungsorganisation im 16. Jahrhundert. Die Canisianische Kollegienpolitik', in Rainer Berndt, *Petrus Canisius S.J. (1521-1597), Humanist und Europäer*, Berlin, 2000, pp. 268-269, noemt Dillingen, Freiburg im Breisgau, Fribourg, Hall, Ingolstadt, Innsbruck, Keulen, Landsberg, Landshut, Molsheim, München, Praag, Saverne (Elzas), Speyer, Straatsburg, Trier, Wenen en Würzburg. – Tesser [noot 3], p. 152, noemt Augsburg, Dillingen, Eichstätt, Fribourg, Gnesno, Hall, Ingolstadt, Innsbruck, Landshut, München, Olomouc, Praag, Speyer, Straubing, Trnava en Würzburg. Over de stichtingsjaren bestaat in een aantal gevallen eveneens onenigheid.
11. Thomas M. Lucas, 'Petrus Canisius: Jesuit Urban Strategist', in Rainer Berndt, *Petrus Canisius S.J. (1521-1597), Humanist und Europäer*, Berlin, 2000, pp. 275-291.
12. Canisius aan Ignatius, Wenen, 14 oktober 1554, in: PCEA I, pp. 496-497.
13. Tom Lucas, *Landmarking. City, Church, and Jesuit Urban Strategy*, Chicago, 1997.
14. Müller [noot 10], pp. 272-274. – O'Malley [noot 6], pp. 226-227, onderscheidt tien karakteristieken, die grote overeenkomst vertonen met die van Müller.
15. Horatius Tursellinus, *Historiarum epitomae libri decem*, Ultrajecti, vid. J.J. a Poolsum, 1763; zie Paul Begheyn, *Bibliotheca Jesuitica Neerlandica Impressa 1540-1773* (in voorbereiding).
16. Zie voor dit hoofdstuk: Paul Begheyn, *Petrus Canisius en zijn catechismus. De geschiedenis van een bestseller / Peter Canisius and his Catechism. The History of a Bestseller*, Nijmegen, 2005; Paul Begheyn, 'The Catechism (1555) of Peter Canisius, the Most Published Book by a Dutch Author in History', *Quaerendo* 36 (2006), pp. 51-84.
17. J.B. Goetstouwers, *Synopsis historiae Societatis Jesu*, Lovanii, 1950, kol. 122.
18. John W. Padberg, 'Development of the Ratio Studiorum', in Vicent J. Duminuco (ed.), *The Jesuit Ratio Studiorum. 400th Anniversary Perspectives*, New York, 2000, p. 80.
19. John W. Padberg, 'Development of the Ratio Studiorum', in Vicent J. Duminuco (ed.), *The Jesuit Ratio Studiorum. 400th Anniversary Perspectives*, New York, 2000, pp. 80-100.
20. Luce Giard, 'Le rôle secondaire de Petrus Canisius dans l'élaboration de la Ratio studiorum', in Rainer Berndt, *Petrus Canisius S.J. (1521-1597), Humanist und Europäer*, Berlin, 2000, pp. 77-106.
21. Giard [noot 20], p. 85 noot 31.
22. Tesser [noot 5], pp. 176-178.
23. L.J. Rogier, 'Canisius' actuele betekenis', *Numaga* 19 (1972), p. 6.
24. Roman Herzog, 'Grußwort', in *Petrus Canisius, Humanist und Europäer. Reden in der Frankfurter Paulskirche*, Frankfurt, 1997, pp. 25-29.

FERDINANDUS VERBIEST PRIESTER DER SOCIETEYT JESU
GEBOREN TOT PITTEMM IN VLAENDEREN ANNO 1623 GESTORVEN TOT PEKIN

'Liever met arme christenen dan met grote mandarijnen' Ferdinand Verbiest als astronoom, ingenieur en missionaris[1]

Noël Golvers

Ferdinand Verbiest werd geboren op 9 oktober 1623 in Pittem, West-Vlaanderen, dat toen een onderdeel was van de 'roede' Tielt. Vermits zijn vader vertegenwoordiger was van de Heer van Pittem en korte tijd later een van de elf administratoren van de kasselrij Kortrijk, stamt hij uit de administratieve middenklasse, zoals ook zijn latere, meest 'intieme' medebroeders jezuïeten in China, Philippe Couplet en François de Rougemont.

Zijn lagere en middelbare schoolopleiding, eerst in Pittem en vervolgens in de jezuïetencolleges van Brugge en Kortrijk, werd bekroond met de publicatie van een bundel Latijnse elegieën in ovidiaanse stijl. Niet de redactie op zich, maar wel de publicatie ervan is significant: het wijst op een meer dan middelmatige student met meer dan middelmatige ambities.[2]

Het logische vervolg was zijn inschrijving, in oktober 1640, op zeventienjarige leeftijd, aan de Leuvense Alma Mater als student van de *Facultas Artium* (met residentie in het *Collegium Lilii*). Op het einde van dit academische jaar, op 2 september 1641, treedt Verbiest in bij de jezuïeten, in het noviciaat van de Vlaams-Belgische Provincie te Mechelen. Betekent dit een bruuske ommezwaai in een veelbelovende lekencarrière? Een schijnbaar voor de hand liggende idee, maar misschien fout en in elk geval voor de zeventiende-eeuwse contrareformatie absoluut geen zeldzaamheid. Misschien was deze overgang voorbereid door de banden die de jonge Verbiest reeds voordien had met de Sociëteit en door het animo dat dezelfde Sociëteit rond zich had opgebouwd met de vieringen van haar eerste eeuwfeest in 1640.[3] Hoe dan ook, van de twee volgende jaren in het noviciaat in Mechelen is vooral van belang dat Verbiest reeds als eerstejaars een gezamenlijke verzoekbrief (*litterae indipetae*) mee ondertekent voor de Chileense (sic) missie.[4] Vanaf het begin dus stond zijn curriculum in een

Anoniem, Portret van Ferdinand Verbiest S.J., 1647

missionair perspectief. Een missionaire intentie zou – zoals bij vele van zijn collega's – zelfs de directe aanleiding geweest zijn voor zijn intrede bij de jezuïeten.

Het vervolg van zijn opleiding verliep normaal. Hij volgde het eerste en tweede jaar filosofie aan het jezuïetencollege in Leuven, in 1643-1645. In dit curriculum was er – in tegenstelling tot veel speculatie in het verleden – geen plaats voor een veronderstelde speciale, doorgedreven mathematische training; ook het ene wintersemester bij Andreas Tacquet S.J., van oktober 1644 tot februari 1645, heeft op zich niets uitzonderlijks. Een eerste individueel verzoek van Verbiest voor de missie was intussen reeds op 5 januari 1645 naar Rome vertrokken. De daar aangehaalde motieven zijn zo weinig origineel als het ontwijkende, negatieve antwoord onverwacht is. Vanaf augustus 1645 vinden we hem terug als *repetens* in het jezuïetencollege van Kortrijk onder leiding van de befaamde Neolatijnse dichter Sidronius Hosschius, ingeschakeld dus in het secundair onderwijs. Een nieuw verzoek, op 21 november 1646, tijdens zijn tweede jaar als *repetens*, wijst op een constante en steeds dringendere missionaire roeping. Pas in de lente van 1647 – hij is dan 24 jaar oud – verkreeg hij vanuit Rome de toestemming voor de Peruaanse Provincie. Na de gebruikelijke voorbereidingen voor deze potentieel levenslange missie – inclusief het schilderen van zijn portret – en na de afreis naar Sevilla, waar de vloot naar Zuid-Amerika vertrok – volgde als anticlimax de bittere ontgoocheling wegens een op het laatst geweigerde officiële reisvergunning.

Noodgedwongen teruggekeerd naar het moederland in november-december 1647, werd hij opnieuw ingeschakeld in het secundair onderwijs, in het jezuïetencollege van Brussel, in de Ruisbroekstraat. Samen met dat van Antwerpen was dit college het belangrijkste van de Vlaamse Provincie, voornamelijk omwille van de directe contacten met het Spaans-Habsburgse hof en het internationale milieu van diplomaten op de Koudenberg, in de onmiddellijke omgeving. Tijdens de eerstvolgende vijf schooljaren (1647-52) verblijft Verbiest hier, zoals gebruikelijk opklimmend in de docentenhiërarchie en zijn competentie uitbreidend over de vakken Grieks en catechese. Latijn gaf hij aan de hofschool.[5] Van enige organieke opdracht in verband met mathematica is geen spoor, al is het niet onwaarschijnlijk dat hij zich reeds in Brussel, tijdens de schaarse uren die hij kon besteden aan privéstudie, speciaal daarmee bezighield.

In oktober 1652 begon hij aan de gebruikelijke driejarige theologische opleiding. De provinciaal stuurde hem daarvoor om een of andere reden naar Rome en het Romeins College, het 'epicentrum' van de hogere opleidingen van de Sociëteit. Intussen waren zijn missionaire idealen niet ingeslapen. Waarschijnlijk na hevig aandringen kreeg hij in oktober 1653 vanwege de generaal toelating om naar de Provincie Nieuw-Granada te vertrekken. Hij werd toegevoegd aan het gezelschap van de regionale procurator, die toen op administratief bezoek was in Rome. Zodoende belandde Verbiest opnieuw in Sevilla. In afwachting van de afvaart van de vloot in de lente vervolgde hij er zijn theologische studies, waarschijnlijk aan het Sint-Ermenegilduscollege. Vermits de procurator opgehouden werd in Spanje, bleef Verbiest hier ook voor zijn derde jaar theologie, tot en met zijn promotie tot doctor in de theologie in april 1655.[6]

Theologische stellingen van pater Ferdinand Verbiest voorgedragen te Sevilla in 1655

TIBI, O VIRGO,
SEMPER IMMACVLATA,
IN QVA THEOLOGICA SCIENTIA
VELVT IN SPECVLO SINE MACVLA
RELVCET, ET SAPIENTIA INCARNATA
SEDEM FIXIT.
QVÆ IN PRIMO ORTV TVO PVLCHRIOR LVNA, ET SOLE
SPLENDIDIOR CVNCTAS IGNORANTIÆ TENEBRAS DISSIPASTI, ATQVE OMNIVM HÆRESVM,
& errorum monstra in vnius serpentis capite debellata calcasti. TIBI HANC INSCRIPTAM TABELLAM, tuæ quidem erga me beneuolentiæ testem, mei autem animi tibi semper obligati quasi quoddam chirographum, TIBI, INQVAM, HANC TOTIVS MENTIS MEÆ IMAGINEM, innumeris titulis debitam, consecratamq; ad aras tuas appendo, atq; in perpetuum affigo. F. V. S. I.

EX PRIMA PARTE.

EX SECVNDA PARTE.

EX TERTIA PARTE.

Propugnabuntur, præside R. P. Ludouico de Sola, Sacræ Theologiæ professore primario, à P. Ferdinando Verbiest eiusdem Societatis. Hispali, in Collegio Societatis Iesu, D. Hermenegildo Regi & Martyri sacro. Die Aprilis Anno 1655.

Hispali, Ex Typographia Ioannis de Osuna,

Naar China geroepen

Kort nadien trad er een verandering op in Verbiests missionaire denken, mogelijk onder invloed van nieuwe ontwikkelingen in Sevilla of van een nieuw uitstel van de procurator. Feit is dat hij twee maanden later, in juni, totaal onverwacht in Genua bleek te zijn. Deze naam is significant omdat hier de procuur voor de Indische missies van de Italiaanse Provincie gevestigd was. Binnen een week zond hij van daaruit twee (niet bewaarde) verzoekbrieven naar de generaal (19 en 26 juni), ditmaal voor de Chinese missie, een volledige heroriëntatie dus ten opzichte van zijn obstinate (en vanuit Vlaanderen bekeken ook meer logische) verzoek voor de Spaanse missies in Zuid-Amerika. Men kan zich afvragen of het niet de aanwezigheid in Europa is geweest van Martino Martini S.J., de procurator van de Chinese Vice-Provincie, en met name zijn rondreis door de Lage Landen in 1654, die de aanleiding voor deze verandering is geweest. Diens bezoek was alleszins de directe aanleiding voor de China-roeping van die andere China-jezuïeten uit deze generatie en Verbiests onmiddellijke collega's in China, de reeds genoemde Philippe Couplet en François de Rougemont.

Ditmaal ontving Verbiest ongebruikelijk snel toelating, op 10 juli 1655, en werd hij toegewezen aan pater Martini, die in Rome zijn vertrek voorbereidde. Zij troffen elkaar in Genua. Op 8 januari 1656 vertrokken zij van hieruit per schip naar Lissabon, met twaalf gezellen. Verbiest heeft dus een half jaar in Genua doorgebracht, een periode waar we geen verdere informatie over hebben.[7] Door omstandigheden kwam de groep pas in mei 1656 in Lissabon aan, in elk geval te laat voor de jaarlijkse vloot naar het Verre Oosten.

Gedurende het jaar gedwongen rust in Portugal werd voor de paters naar aangepaste vormen van opleiding en pastorale taken gezocht. Aanvankelijk aalmoezenier van een sodaliteit in Lissabon voor Vlamingen ter plaatse, die geleid werd door jezuïeten[8], werd Verbiest, ongetwijfeld op verzoek van de Portugese provinciaal, in oktober 1656 als enige van het gezelschap naar Coïmbra gestuurd om er aan het prestigieuze *Colégio das Artes* mathematica te doceren. Zijn studenten daar waren voornamelijk jonge jezuïeten, waaronder kandidaten voor de China-missie. Al heeft Verbiest erop gewezen dat hij daar – volgens een senecaans en humanistisch adagium 'meer wiskunde leerde dan doceerde' ('*plus discimus, quam docemus*') – en al was het niveau van de cursussen eerder elementair dan gespecialiseerd, de selectie zelf schijnt toch te wijzen op een al gevestigde reputatie in het veld.[33] Op 4 april 1657 vertrok de groep eindelijk naar het Verre Oosten. Een moeizame zeereis, waar Verbiest jaren later in China nog altijd met afgrijzen aan terugdenkt, brengt hen via Goa naar Macao, waar de groep aankomt op 17 juni 1658.

Aangekomen in Macao moest hij op zijn verblijfsvergunning voor China wachten. Intussen werd ter plaatse aan een meer doelgerichte, aangepaste opleiding gewerkt in het Sint-Pauluscollege, dat daarvoor in het leven was geroepen; op zijn minst moet Verbiest in de acht maanden dat zijn verblijf hier heeft geduurd de beginselen van het Chinees hebben geleerd. Op 16 februari 1659 legde hij hier ook als profes zijn laatste geloften af, achttien jaar na zijn eerste geloften in het noviciaat. Het hele gezelschap vertrok dan op 5 maart 1659, andermaal onder leiding van pater Martini, vanuit Macao naar Kanton en van hieruit over het Grote Kanaal naar *Nanking*, waar de groep gesplitst werd: samen met de Italiaan Giovanni Francesco de Ferrariis en de Brusselaar Albert d'Orville vertrok Verbiest naar *Xi'an* (provincie *Xensi*). Dit moet eind juni of begin juli 1659 gebeurd zijn; in elk geval moet hij in juli op zijn eerste missiepost aangekomen zijn. Zoals gebruikelijk in de toenmalige jezuïetenmissie in China werd hij onmiddellijk in de pastorale praktijk ondergedompeld en zoals hij het zelf uitdrukte, vond hij veel genoegen in het '*leven het leven van onsen salich overleden vader Xaverius Faber (?) met loopen in de missiën, ende om te gaen met de arme kristenen*' (1670).[10] Een volbloed missionaris dus, zoals François de Rougemont, aan wie deze woorden gericht zijn en die zich in Shanghai op dezelfde wijze in de kijker werkte.

Toch zou Verbiests verblijf hier nog geen jaar duren. In Peking herinnerde men zich zijn bijzondere talenten voor 'mathematica', wat de directe aanleiding werd tot een nieuwe dramatische wending in zijn leven. Sinds de machtsovername door de Mantsjoes in 1644 was het de Keulse jezuïet Adam Schall von Bell (1592-1666) die het Astronomische Bureau en aansluitend het Observatorium van Peking leidde. Inhoudelijk betekende dit het opstellen van de jaarlijkse kalenders en de observatie, rapportering en interpretatie van eclipsen en andere hemelverschijnselen. Maatschappelijk hing aan deze positie een groot prestige vast, dat speciale toegang gaf tot de keizer. Beide, prestige en omgang met de keizer, werden prioritair aangewend ter verspreiding van de missie en de bescherming van haar actoren, jezuïeten maar ook anderen. Gelet op Schalls gevorderde leeftijd (op dat moment 68 jaar), het uitzonderlijke belang van deze strategische positie voor de Chinamissie, maar ook het maatschappelijke belang van juiste kalenderberekeningen voor de legitimatie en de positie van de nieuwe Mantsjoedynastie (de *Qing*), hadden zowel de keizer als de jezuïeten er belang bij dat een sterke opvolger werd voorbereid. Na andere, om diverse redenen mislukte keuzes viel de aandacht op Verbiest, die ten minste sinds Coïmbra, maar waarschijnlijk ook al sinds Genua, een zekere reputatie als '*mathematicus*' moet hebben gehad. Op 26 februari 1660 arriveerde de officiële uitnodiging voor Peking. De man die voor zichzelf een carrière als nederige missionaris had uitgestippeld, werd met groot ceremonieel naar Peking begeleid, waar hij aankwam op 9 mei van datzelfde jaar, 20 jaar na zijn intrede in de Sociëteit, nu 37 jaar oud. Vanaf dan tot aan zijn dood op 28 januari 1688 werd Peking de integrale scène van Verbiests activiteiten, enkele kleine 'excursies' in de omgeving van Peking op last van de keizer daargelaten.

Aan het hof van de keizer

Het mag duidelijk zijn dat Verbiests historische betekenis berust op de activiteiten die hij in de volgende 27 à 28 jaren heeft ontwikkeld en die te begrijpen zijn, deels tegen de achtergrond van zijn opleiding en intenties, zoals die hoger werden geschetst. Voor een ander belangrijk deel zijn deze activiteiten echter ook 'gemaakt' door de context waarin hij in China werkte, bepaald enerzijds door de jezuïetentradities die zich in China hadden ontwikkeld sinds Matteo Ricci (1552-1610) en anderzijds door het keurslijf opgelegd door zijn Mantsjoe-Chinese omgeving.

De direct voorbereidende fase is bij gebrek aan rechtstreeks materiaal uit de periode 1660-1664 slecht bekend. Een eerste hoogtepunt kwam er in 1664, het jaar waarin een hele bundel van 117 ontwerpen werd gerealiseerd, de blauwdruk voor een volledig nieuw astronomisch observatorium, met vijf grote observatie- en demonstratie-instrumenten van het tychoniaanse type, ter vervanging van de dertiende-eeuwse instrumenten van *Guo Shuojing*. De expertise van Schall, de toegang tot een goeduitgeruste bibliotheek van westerse boeken, dit tegen de achtergrond van zijn eigen opleiding, ervaring en talent, hebben de 'nieuweling' in vrij korte tijd hiertoe in staat gesteld. Omstandigheden in Peking hebben de realisatie van deze grootse plannen echter met vijf tot tien jaar uitgesteld.

Eind 1664 had de latente weerstand tegen de bevoorrechte positie van de jezuïeten bij de Chinezen zich geconcretiseerd in een officiële aanklacht, ingediend door *Yang Guangxian*, Chinees neo-confucianist van de oude stempel. Een lang en complex proces ontrolde zich, dat uiteindelijk uitmondde in een officiële verbanning van de Europese missionarissen naar Kanton. De enkele jezuïeten in de hofstad Peking kregen 'slechts' huisarrest. Tegelijk betekende dit de herinvoering van de Chinese berekeningswijze van de kalender en het verwijderen van elke westerse invloed in het Astronomische Bureau. Verbiest heeft van deze gedwongen (relatieve) isolatie gebruik gemaakt om zich te trainen in schaduwberekeningen, meteorologische waarnemingen en experimenten met diverse machines.

Een keerpunt in deze situatie kwam er, niet geheel onverwacht, toen de zeventienjarige *Kangxi* keizer kort voor Kerstmis 1668 langs informele weg de op Chinese wijze berekende kalenders voor 1669 aan Verbiest laat bezorgen, ter verificatie. Zonder al te veel onderzoek kan die een honderdtal fouten aanwijzen, inclusief een onterechte intercalatie die hij zonder verwijl rapporteert aan de keizer. Deze voor de Chinezen hemeltergende vaststelling werd aanleiding tot openbare vergelijkende proeven tussen de Chinese en westerse berekeningswijzen: in de laatste dagen van december 1668 en de eerste maanden van 1669 werden Verbiest en zijn Chinese uitdager tegen elkaar uitgespeeld in drie schaduwberekeningen en enkele andere astronomische proeven. In alle doorstond Verbiest – de westerse berekeningswijze – glansrijk de confrontatie. Dit leidde, na een moeizame aanstellingsprocedure en ondanks wat tegenspartelen van Verbiest zelf, tot zijn officiële benoeming op 1 april 1669 als dienstdoend (dus niet: organiek) hoofd van het Keizerlijke Astronomische Bureau in Peking, verantwoordelijk voor berekening en publicatie van de jaarlijkse kalenders en de exacte voorspelling, observatie en verificatie van courante en ongewone astronomische en meteorologische fenomenen. Verbiests benoeming betekende ook de restitutie van de andere paters in Peking en de recuperatie van de *Xitang* residentie met haar rijke bibliotheek; pas in 1671 gold dit ook voor de andere westerlingen in Kanton.

Gedurende de negentien jaren die Verbiest nog restten (1669-1688), ontplooide hij een enorme activiteit die we kunnen groeperen onder drie noemers: ten eerste, die van keizerlijk ambtenaar, zeg maar waarnemend directeur van het Astronomische Observatorium; hieruit ontwikkelde zich, ten tweede, die van ingenieur bij publieke en private werken; ten derde, die van jezuïet-missionaris. Alhoewel het missionarisschap intrinsiek het centrale en meest belangrijke deel was, zullen veruit de meeste van zijn activiteiten en prestaties op het eerste vlak liggen. In wat volgt, passeren beurtelings de drie genoemde 'profielen' van Verbiest in Peking de revue.

Directeur van het Astronomische Bureau

Als zodanig had Verbiest, zoals gezegd, kalenderberekening en eclipsvoorspelling onder zijn bevoegdheid. Ook al hadden deze een sterk routinematig karakter en kon hij steunen op Europese tabellen met een grotere nauwkeurigheid dan de Chinese, en ook al kon hij rekenen op een groep van Chinese en Mantsjoemedewerkers aan het Observatorium, door hemzelf opgeleid en gedeeltelijk ook bekeerd, toch mogen we deze zaak niet als een sinecure beschouwen. In de marge bleef altijd – latent maar daarom niet minder gevaarlijk – oppositie bestaan tegen de aanwezigheid van westerlingen in dit bolwerk van Chinees traditionalisme, die zich – zoals voordien in het geval van *Yang Guangxian* – periodiek en op onverwachte momenten ontlaadde in aanklachten van vermeende onbekwaamheid, gebrek aan loyaliteit, achterhouden van informatie of andere subversieve bedoelingen.

Observatorium van Peking

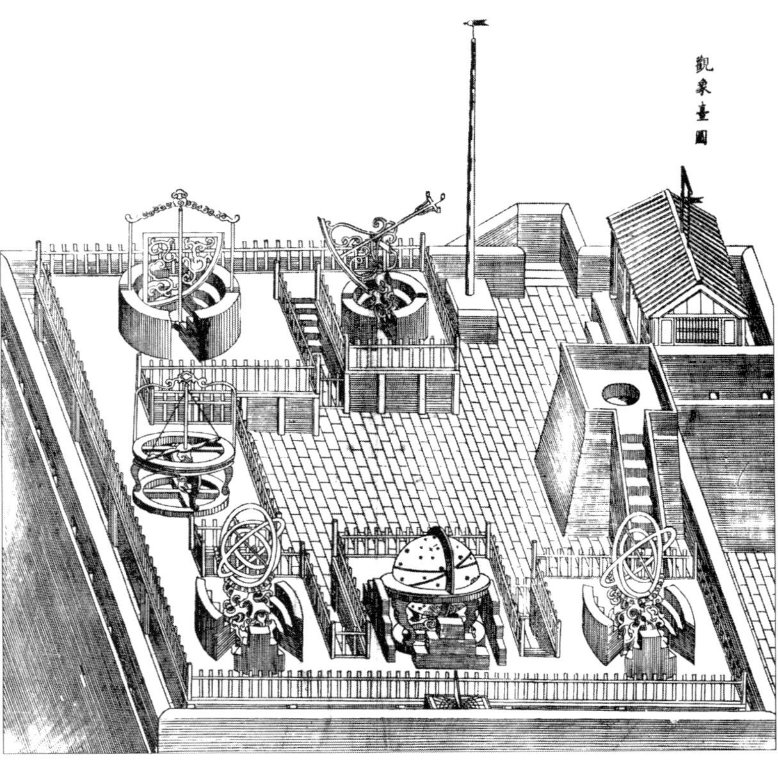

In deze ambtelijk-wetenschappelijke carrière werd de bouw van het nieuwe instrumentenpark op het Keizerlijke Astronomische Observatorium eindelijk gerealiseerd. Het werd opgeleverd in 1674, tien jaar nadat de eerste versie van de werktekeningen klaar was. De presentatie ging gepaard met de publicatie in het Chinees van een zeer uitvoerig handboek betreffende bouw, constructie en werking van de instrumenten, van allerlei tabellen en bijhorende werktekeningen, alles samen zestien volumes, in hout gesneden en xylografisch gedrukt, de *Xin zhi lingtai yi xiang zhi* ('Vertoog over de nieuwgebouwde instrumenten op het observatorium') en de twee bundels bijgevoegde tekeningen, de *Xin zhi lingtai yi xiang tu.*

Zoals gezegd, viel ook de opleiding van Chinese en Mantsjoestudenten in de westerse berekeningsmethoden van kalender en eclipsen Verbiest ten deel. Voor hen was zijn technische beschrijving van het nieuwe observatorium bedoeld.[11] Het aantal studenten liep uiteen van honderd zestig tot driehonderd op jaarbasis. Zijn didactische activiteiten kregen in 1675 een wel zeer merkwaardig neveneffect, wanneer hij van mei tot oktober dagelijks aan de keizer privé-onderricht gaf in Europese mathematica: van Euclides' geometrische elementen tot kubiekwortels, alles op basis van Chinese bewerkingen van Europese handboeken door de vorige generatie jezuïeten in China gepubliceerd. Het werden boeiende persoonlijke ontmoetingen die Verbiest de mogelijkheid boden om de keizer ook in andere dan mathematische disciplines te introduceren en via de 'astronomische hemel' nieuwsgierig, zoniet ontvankelijk te maken voor de 'transcendentale hemel'. In deze zeldzame momenten kwam het uiteindelijke doel van het hele missiewerk van de jezuïeten in China heel dicht binnen bereik: de bekering van de Chinese maatschappij van hoog naar laag. Zo heeft Verbiest het ook begrepen, en hij heeft niet nagelaten deze scène voor Europa in het Latijn te beschrijven, onder meer in zijn *Compendium Latinum* en *Astronomia Europaea*. Mede dank zij Leibniz (onder meer in *Novissima Sinica*) en Duhamel werd het een klassieker in de zich ontwikkelende sinofiele literatuur.

Ingenieur en filosoof

Vanuit zijn ambtelijke activiteiten als astronoom wist hij het terrein van zijn competentie voortdurend uit te breiden, gedeeltelijk daartoe uitgedaagd door de omstandigheden, maar ook bewust gebruikmakend van elke gelegenheid om zijn prioritaire doel te bereiken.[12] Zijn manifeste competenties van *ingeniarius* en *mechanicus*, die gebleken waren tijdens het ontwerpen, fabriceren en monteren van astronomische instrumenten, brachten de keizer en diens mandatarissen ertoe ook andere opdrachten – van privaat en publiek nut – aan Verbiest toe te vertrouwen, al lagen die opdrachten dan buiten de grenzen van zijn officiële bevoegdheid. Het betrof onder meer het transporteren van enorme gewichten, het aanleggen van irrigatiesystemen, het ontwerpen van betere pompsystemen en het ontwikkelen van lichtere, mobiele kanonnen van groter kaliber. Zelf experimenteerde Verbiest ijverig met toepassingen van gnomonica, mechanica en statica, inclusief stoomautomaten, zoals een prototypische 'automobiel'. Niet altijd is daarbij duidelijk waar de grens lag tussen het nuttige, het curieuze en het pure vermaak, maar ook daarin was hij een kind van zijn tijd. In vele van deze domeinen wist Verbiest van de gangbare westerse kennis praktische toepassingen af te leiden, in functie van de omstandigheden en de vereisten van zijn opdrachtgevers. Hierin mag – terloops gezegd – duidelijk worden wat in de zeventiende en achttiende eeuw de plaats was van mathematica in het jezuïetencurriculum: novicen leren de principes te beheersen en de vaardigheid bijbrengen om deze in functie van de omstandigheden te ontwikkelen, in nieuwe toepassingen en vormen; dus geen afgewerkte topspecialisten leveren, maar practici met een grote potentiële flexibiliteit.

Verbiests activiteiten in het domein van de astronomie kregen nog een ander verlengstuk. In de loop van zijn privélessen had hij de keizer

Wereldkaart van Verbiest

ervan weten te overtuigen dat de westerse astronomie volledig stoelde op de westerse filosofie. Een introductie in deze laatste was dus een noodzakelijke propedeuse tot de eerste.[13] In opdracht ontwierp Verbiest nu ook een filosofische encyclopedie in zestig volumes, waarin de aristotelische fysica en metafysica voor Chinese *litterati* toegelicht werden, gedeeltelijk met behulp van reeds bestaande vertalingen of parafrasen, gedeeltelijk met eigen, nieuw werk. De vraag vanwege Verbiest om de studie ervan op te nemen in de verplichte stof voor de staatsexamens van de rijksambtenaren ging echter te ver en werd afgewezen door het Ministerie van de Riten, een tegenstander van Verbiest. Dit gebeurde om redenen van staatsbelang: men had doorzien dat het integreren van westerse wetenschap in de standaardopleiding voor

Uitgave van een brief van Verbiest uit Peking, 1678

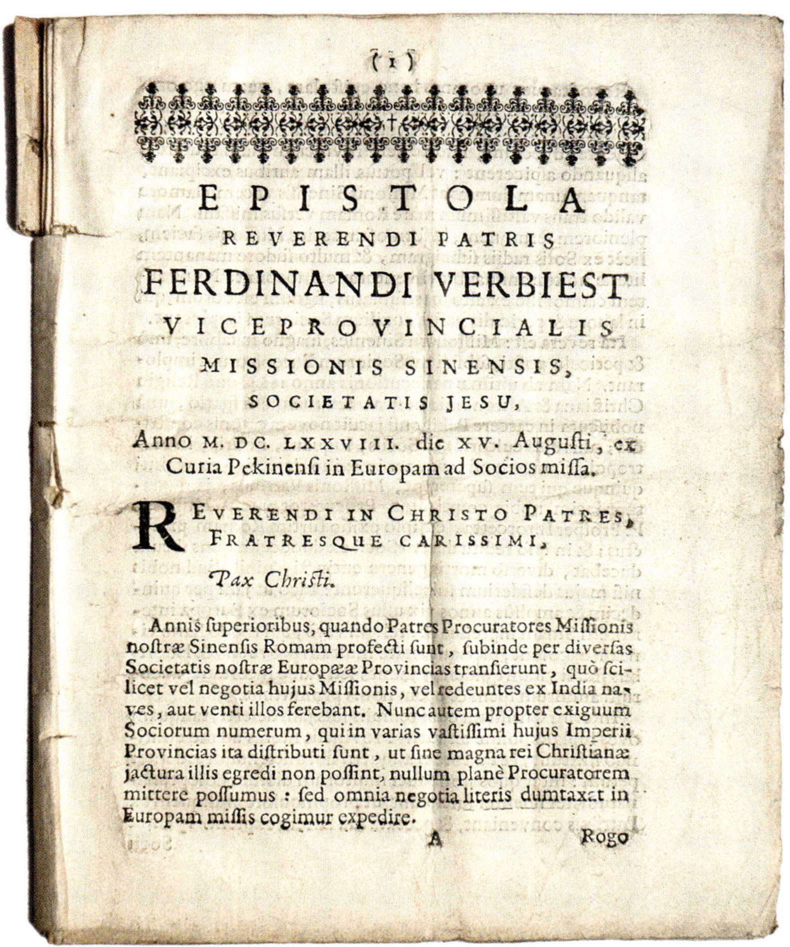

(1)

EPISTOLA
REVERENDI PATRIS
FERDINANDI VERBIEST
VICEPROVINCIALIS
MISSIONIS SINENSIS,
SOCIETATIS JESU,
Anno M. DC. LXXVIII. die XV. Auguſti, ex
Curia Pekinenſi in Europam ad Socios miſſa.

REVERENDI IN CHRISTO PATRES,
FRATRESQUE CARISSIMI,

Pax Chriſti.

Annis ſuperioribus, quando Patres Procuratores Miſſionis noſtræ Sinenſis Romam profecti ſunt, ſubinde per diverſas Societatis noſtræ Europææ Provincias tranſierunt, quò ſcilicet vel negotia hujus Miſſionis, vel redeuntes ex India naves, aut venti illos ferebant. Nunc autem propter exiguum Sociorum numerum, qui in varias vaſtiſſimi hujus Imperii Provincias ita diſtributi ſunt, ut ſine magna rei Chriſtianæ jactura illis egredi non poſſint, nullum planè Procuratorem mittere poſſumus: ſed omnia negotia literis dumtaxat in Europam miſſis cogimur expedire.

A Rogo

ambtenaren zou leiden tot een vérgaande christelijke beïnvloeding van de *litterati*, de ruggengraat van de Chinese maatschappij.

Zijn verdiensten jegens de keizer en de Mantsjoedynastie leverden Verbiest verscheidene ambtelijke promoties en eretitels op, die zijn persoonlijke positie aan het hof en daarmee zijn maatschappelijke prestige en dat van de kerk tegen de latente oppositie :n, consolideerden en versterkten. Als ambtenaar in keizerlijke dienst was Verbiest natuurlijk volledig onderworpen aan de tradities en regels van het uiterst complexe en geritualiseerde leven aan het hof en daarbuiten; daarenboven werd hij als westerling argwanend bekeken door de xenofobe Chinezen. Dit moet sterk zijn activiteit en bewegingsvrijheid hebben beperkt; zo was het hem bijvoorbeeld verboden om zonder persoonlijke toestemming van de keizer Peking te verlaten. Toch slopen er op verscheidene momenten in zijn communicatie met de jonge keizer naar Chinese normen onconventionele omgangsvormen binnen, steeds op initiatief van de keizer uiteraard. Ik herinner alleen maar aan de 'mathematische' privélessen in 1675. Al moeten wij opletten voor een mogelijke vertekening in het beeld dat de jezuïeten naar Europa doorseinden, toch schijnt Verbiest een geprivilegieerde relatie met de keizer te hebben gehad, in niet onbelangrijke mate gebaseerd op welbegrepen eigenbelang vanwege de keizer, die aan Verbiest een uiterst bruikbaar, polyvalent, loyaal en integer ambtenaar had, die zich in deze opzichten misschien onderscheidde van de gevestigde Chinese bureaucratie. Hoe Verbiest zijn positie (ondanks de ingebakken beperkingen) en zijn geprivilegieerde contact met de keizer heeft weten te gebruiken voor zijn doelstellingen, de missie, vormt het volgende onderdeel van mijn overzicht.

Missionaris

Reeds in 1670, dus een jaar na zijn topbenoeming, reflecteerde Verbiest in een van zijn zeldzame persoonlijke ontboezemingen – niet toevallig in een Nederlandstalige brief aan zijn vriend en collega François de Rougemont – over zijn positie aan het hof in volgende termen:

> Caeterum, mi Pater Francisce, weest seker dat ick, met alle die eere, die den Koninck mij doet, als oock met de estime van de groote mandarijns seer luttel troost hebbe in mijn hert, ende dat ick veel liever, aengaende mijns lust, soude leven het leven van onsen salich overleden vader Xaverius Faber (?) met loopen inde missien, ende om te gaen met de arme kristenen, als wel met de mandarins te traiteren.[14]

Dit lijkt mij een sleuteltekst waarin de hele tragiek van Verbiest in Peking vervat ligt: gedreven enerzijds door een sterk missionair elan, was hij anderzijds door omstandigheden en context overbelast met seculiere taken, in functies en posities die moeilijk compatibel waren met het Instituut van de Sociëteit van Jezus en daarom ook van die kant onder vuur lagen, maar die wel *conditio sine qua non* waren voor het voortbestaan zelf en de ontwikkeling van de China-missie.

Strikt missionaire activiteiten op het gebied van verkondiging, catechese of pastoraal zijn van Verbiest – althans gedurende zijn tijd in Peking – nauwelijks bekend. De redenen zijn intussen genoegzaam duidelijk: fysieke binding aan de hofstad en totale dienstbaarheid aan de persoon van de keizer. Wel kunnen we verwijzen naar publicitaire activiteiten, zoals de redactie van drie traktaten tegen bijgelovige astrologie en traktaten voor de catechisatie. Het werk 'in het veld' was

Verbiest dus niet vreemd, ook niet tijdens zijn tijd in Peking en lag evenmin buiten zijn belangstellingssfeer. Alle andere activiteiten: ambtelijke, wetenschappelijke, technologische of diplomatieke, hadden echter wel indirect een weerslag op de missie of zelfs een – vaak verborgen – missionaire finaliteit. In zoverre ze met een missionair doel voor ogen werden ondernomen of *motu proprio* werden georganiseerd, mogen we gerust spreken van een missionaire strategie.

We dienen hierbij een onderscheid te maken tussen activiteiten gericht op China en andere gericht op Europa. De meeste aspecten van zijn optreden ten aanzien van Chinese (Mantsjoe) autoriteiten met betrekking tot de christelijke missie zijn terloops al ter sprake gekomen. De hoekstenen daarvan mogen hier in herinnering gebracht worden. Allereerst de van ambtswege gegarandeerde toegang tot de keizer systematisch aanwenden ten bate van zijn missie (bijvoorbeeld via rechtstreeks overhandigde, dus niet manipuleerbare petities), in het geval van Verbiest uitgebreid met informele contacten waarvan de teneur ons bij gebrek aan bronnen ontsnapt. Ten tweede zijn invloed bij topambtenaren aanwenden op momenten en plaatsen waar en wanneer dit nodig was, bijvoorbeeld om de kerk te beschermen tegen periodiek oplaaiende vervolgingen. Daarnaast waren er uiteraard ook andere Europese vertegenwoordigers van de kerk binnen China, hetzij jezuïeten, hetzij vertegenwoordigers van andere congregaties, met name franciscanen, augustijnen en dominicanen. Op hen kon hij invloed uitoefenen krachtens het ordesinterne ambt dat hij bekleedde, namelijk vice-provinciaal van de Chinese Vice-Provincie. De positie die zijn functies hem gaven gebruikte Verbiest om binnen en buiten de eigen orde, waar zijn autoriteit eveneens werd aanvaard, aan te manen tot respect voor de Chinese tradities, tot omzichtigheid en beheersing in het bekeringswerk en tot het vermijden van nodeloze conflicten.

Wat betreft Verbiests missionaire strategie naar Europa toe was de grootste uitdaging de kritiek van vooral de Heilige Stoel en haar centrale instellingen op de activiteiten van 'zijn' orde, de Sociëteit van Jezus, in China.[15] Een van de twistpunten was de kerkjuridische grondslag van zijn posities in de Chinese ambtenarij, met name de leiding van een instituut als het Astronomische Bureau dat bij uitstek als 'heidens' kon worden beschouwd. Een ander punt van discussie betrof zijn ereambten en -titels. Zowel het bekleden van officiële ambten als het ontvangen van wereldse eerbewijzen leken in tegenspraak met het Instituut van de Sociëteit. Daarbij kwamen de beperkingen die aan de Chinese liturgie en een potentiële Chinese clerus opgelegd werden, terwijl andere maatregelen die gunstig bedoeld waren, nooit werden geïmplementeerd. Ten slotte was er de geringe juridische bevoegdheid van de Chinese Vice-Provincie, onder meer wegens haar ondergeschiktheid aan de Japanse Provincie die vaak andere belangen had. De potentiële oplossing voor al deze problemen lag duidelijk niet in China, maar in Europa.

Los daarvan waren er de gewone, dagelijkse, maar niet minder ingrijpende materiële noden van de missie inzake fondsen en personeel, beide even constant als prangend. Ook voor deze problemen hing een oplossing voor een belangrijk deel van Europa af. Ten slotte, maar zeker niet het minst zwaarwegend, was er het probleem van de communicatie met de Europese thuisbasis: de ontvangst van informatie, fondsen, personeel: het was allemaal uiterst afhankelijk van de toevoerlijnen vanuit Europa. Verbiest was zeer vertrouwd met deze problemen en heeft geprobeerd op elk van hen in te spelen ten bate van de missie. Het volgende overzicht mag dit duidelijk maken.

Kerkrechterlijk heeft hij geprobeerd – overigens niet als eerste – om de Chinese Vice-Provincie op te waarderen tot een volwaardige Provincie, met voordelen op het financiële vlak, maar voornamelijk op het vlak van het drukverlof voor de Chinese publicaties van de jezuïeten, die nog steeds via omslachtige procedures, gecompliceerd door de afstand in ruimte en door de taal, in Rome moest verkregen worden. Deze actie heeft geen succes gekend.

Daarnaast heeft hij geijverd om de positie aan het hoofd van het Astronomische Bureau en de occupatie met de Chinese kalender – die beide voor een jezuïet kerkjuridisch moeilijk lagen – te verdedigen, vooral door de 'bijgelovige' aspecten van de kalender te minimaliseren en omgekeerd te wijzen op de grote meerwaarde van deze positie voor de christelijke missie.

De kwaliteit en de omvang van de Europese rekrutering voor China – met de typische bijkomende vereiste van een 'mathematische' vorming – heeft hij willen verbeteren, door de ordesautoriteiten in een zeer persoonlijk en ongewoon discours te wijzen op het steriele karakter van de klassieke 'retorische' opleiding in de jezuïetencolleges en het naar Chinese normen ondermaatse niveau van de mathematische opleiding, ondanks de bepalingen van de *Ratio Studiorum* van 1599. Zeer persoonlijke paragrafen betreffende het profiel van een geschikt kandidaat voor de missie, zonder weerga in de rest van de jezuïetencorrespondentie uit China, zijn daarvan de vrucht. In hoeverre deze invloed hebben gehad op de feitelijke rekrutering valt nog te bekijken.

Behalve de rekrutering, was ook de *fundraising* vitaal voor de continuïteit van de missie. Het benaderen van potentiële weldoeners, vooral wereldlijke en geestelijke autoriteiten en hoogwaardigheidsbekleders in Europa, was daarom ook een belangrijke opdracht voor een missieverantwoordelijke met visie zoals Verbiest.

Wat ten slotte de communicatie met de Europese basis betreft: het fragiele en kwetsbare karakter hiervan was in de jaren 1670 meer dan ooit duidelijk aan het licht gekomen, toen tussen 1674 en 1678 de verbindingen tussen Peking en Macao verbroken waren door de 'Oorlog van de drie Leenheren'. Getroffen waren niet alleen de informatie-uitwisseling en communicatie met het hoofdkwartier in Rome, maar ook de toevoer van personeel en van de broodnodige jaarlijkse subsidies. Wat zou dat in de toekomst brengen? Reeds in de jaren 1650 waren er geïsoleerde suggesties en pogingen geweest om andere, overlandse connecties tussen China en Europa te zoeken, voornamelijk omwille van het grote tijdverlies, de enorme kosten en vooral, het grote verlies aan levens op de normale zeevaartroutes. Toen in mei–augustus 1676 een gezantschap van de Russische tsaar, onder leiding van Nicolai Spathary Milescu, in Peking arriveerde via Siberië, inspireerde dit Verbiest tot een groot project voor een toekomstige connectie tussen Peking en Europa over Siberië, Moscovië, Litouwen en Polen. Het is binnen dit kader dat hij zich daadwerkelijk met de Chinees-Russische onderhandelingen rond de Amoer-rivier inliet, in de cruciale rol van Latijns-Chinees-Mantsjoe vertaler.

De vormen die Verbiest verkoos voor deze Europa-gerichte strategie waren deels klassieke, maar anderzijds ook originele. Vooreerst een uitvoerige correspondentie, in het Portugees met zijn collega's binnen China (Macao) en in het Latijn met de top van de Sociëteit in Europa, waarvan circa honderd veertig stukken over zijn gebleven; een zestigtal is nog niet uitgegeven.[16] Zeer opmerkelijk in het geval van Verbiest zijn enkele Latijnse brieven, naar Chinees procédé in hout gesneden en xylografisch gedrukt. Het zijn stuk voor stuk cruciale brieven, van ruimere geldigheid en met een verwacht grote impact, zoals de brieven aan paus Innocentius XI en de Portugese koning of de brieven van 15 augustus 1678 over de missionaire nood, geadresseerd aan de jezuïeten in alle Europese colleges. Dit toont aan hoe Verbiest inderdaad een pan-Europees blikveld had als het er op aankwam om de belangen van de missie in China te verdedigen, dan wel te bepleiten. De Sociëteit stelde hem daarbij haar internationale netwerk ter beschikking voor de verdere verspreiding.
Nog opvallender komt dit aan het licht – en dit is haast volledig *sui generis* – wanneer hij Latijnse traktaten, Chinese eclipskaarten (met of zonder Latijnse toelichtingen), instrumenttekeningen en dergelijke meer naar Europese prominenten zond, deels als dank voor bewezen loyaliteit en diensten, deels om hun belangstelling voor de missie levend te houden en steeds ook om het cruciale belang van de astronomie voor de missie in de verf te zetten. Een overzicht van de nog herkenbare adressanten volstaat om de omvang en het niveau van zijn netwerk en dus ook zijn sociale horizon te karakteriseren: naast de reeds genoemde paus Innocentius XI horen hieronder keizer Leopold I, de koning van Portugal, koning Lodewijk XIV van Frankrijk, Jan III Sobieski van Polen, de tsaar van Rusland, groothertog Cosimo III van Toscane en de Wittelsbach vorsten in München en Neuburg. Dat ook de eigen Vlaamse Provincie niet buiten zijn horizon viel, blijkt uit minstens één stuk, in 1686 eigenhandig geadresseerd aan het jezuïetencollege van Gent.

Conclusie

Daarmee kunnen we de cirkel sluiten en een – veel te beknopte – voorlopige poging wagen tot een evaluatie van dit zo rijk gevulde leven en deze zo sterk gedifferentieerde activiteiten. Doorheen alle peripetieën, door hemzelf steevast aan de goddelijke voorzienigheid toegeschreven, en binnen de beperkingen hem opgelegd door zijn Chinese actieterrein en zijn Europese basis, heeft Verbiest op zeer uiteenlopende domeinen zijn eerste doelstelling nagestreefd, namelijk de bekering van China tot het christendom. Bij de uitvoering van zijn strategieën werd hij geleid door het model van zijn voorgangers, dat hij verder ontwikkelt. Kenmerkend voor hem zijn flexibiliteit (ook en vooral naar de Chinezen toe) en praktisch inzicht, maar daarnaast kan ook grootsheid van visie hem niet ontzegd worden. De echte resultaten van zijn werk – afgezien van de overdracht van westerse wetenschappelijke kennis naar China – zijn pas na zijn dood duidelijk geworden, allereerst in het *Verdrag van Nertschinsk* (1689), waarbij het Russisch-Chinese conflict aan de Amoer-rivier een politieke regeling kreeg en de transsiberische route naar Europa voor de missionarissen openkwam, en vervolgens in het edict van 1692, dat in China tolerantie jegens het christendom garandeerde. Dat geen van deze verwezenlijkingen een lang leven beschoren waren of vruchtbaar zijn geweest, valt buiten Verbiests verantwoordelijkheid en buiten het bestek van deze voorstelling.

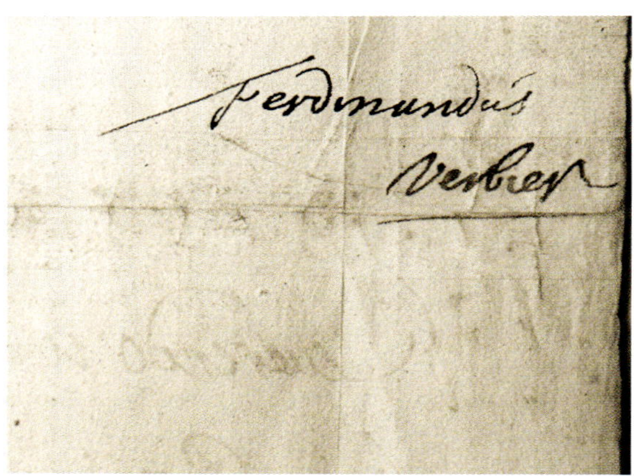
Ferdinandus
Verbiest

Ondertekening van een brief van F. Verbiest uit Peking aan de Vlaamse provinciaal, 1667

1. Dit is een reflectietekst, op basis van vijftien jaar persoonlijk onderzoek, binnen het kader van het F. Verbiest Instituut van de KULeuven. Dit onderzoek heeft ook zijn neerslag gevonden in talloze bijdragen in binnen- en buitenlandse vaktijdschriften, maar voorlopig nog niet in een nieuwe synthetische biografie. Als basiswerken zijn nog steeds te vermelden: H. Josson & L. Willaert, *Correspondance de Ferdinand Verbiest, Directeur de l'Observatoire de Pékin*, Bruxelles (Palais des Académies), 1938; R.A. Blondeau, *Mandarijn en astronoom*, Brugge, 1970; John W. Witek (ed.), *Ferdinand Verbiest (1623 – 1688). Jesuit Missionary, Scientist, Engineer and Diplomat*, Monumenta Serica Monograph Series, XXX, Nettetal, 1994. In de volgende noten beperken we ons tot enkele nieuwe vondsten of inzichten en enkele minder evidente bronvermeldingen.

2. Nadat ik de tekst van dit als verdwenen beschouwd werkje in een afschrift van H. Bosmans had teruggevonden (publ. in: *Humanistica Lovaniensia*, XLI, 1992, pp. 296 – 322) heeft Marcus de Schepper onlangs in de Koninklijke Bibliotheek van Brussel één exemplaar van de originele druk ontdekt.

3. Een schets van het intellectuele en spirituele klimaat in deze periode, voornamelijk in Leuven is geschilderd door J. Roegiers, in J.W. Witek, pp. 31 – 44.

4. Deze tot dusver onbekende brief – waar Verbiests naam reeds figureert samen met die van F. de Rougemont en Ph. Couplet – ontdekte ik in Rome, Archivum Historicum Romanum Societatis Jesu (verder: ARSI), Flandro-Belgica, 69, II, pp. 375 – 376.

5. Dit was tot dusver onbekend, maar blijkt nu uit een persoonlijke flashback van Verbiest, in de pas teruggevonden Latijnse brief van G. Verbiest aan tsaar Alexei Mikhailowitz in Moskou, nu in de Nationale Bibliotheek van Athene.

6. Het bij mijn weten enige nog bestaande exemplaar bevond zich tot voor kort in het Algemeen Rijksarchief te Brussel, maar is nu verhuisd naar het Algemeen Rijksarchief Antwerpen.

7. Een zeer interessante piste voor nader onderzoek, nu in project, is de vraag of het niet precies in dat half jaar is dat Verbiest zich voor het eerst speciaal op de mathematica heeft toegelegd, precies met het oog op zijn missie naar China. De nodige omkadering was aanwezig (onder meer Pater Bonvicino) en de lering kan in het kader van de typisch jezuïtische 'studium privatum' gebeurd zijn (door De Rougemont aangehaald als de bron van Verbiests mathematische kennis).

8. Verbiests tijdelijke aanstelling als aalmoezenier is ook uit slechts één bron bekend, nl. een verwijzing in de 'litterae Indipetae' van zijn ex-collega Ign. De Melgaert in Brussel.

9. Over deze hele kwestie, zie N. Golvers, 'F. Verbiest's Mathematical Formation: Some Observations on Post-Clavian Jesuit Mathematics in Mid-17th Century Europe', in: *Archives internationales d'histoire des sciences*, vol. 54, N° 153, Déc. 2004, pp. 29 – 47, en een artikel in druk in de *Bulletin of Portuguese Japanese Studies*, 2007.

10. Zie JW, p. 165; de eigennaam Faber is zeer waarschijnlijk foutief, ook in de autograaf; toch denk ik dat Verbiest aan Xaver / Xaber heeft gedacht, d.i. Franciscus Xaverius, in wiens spoor hij zichzelf uitdrukkelijk plaatste.

11. Over Verbiest en zijn pedagogische projecten en inzichten, zie N. Golvers, 'Ferdinand Verbiest in Peking: onderwijs in missionair perspectief', in: *Verbiest Koerier*, vol. XVI, 2004, pp. 3 - 5.

12. Voor het geheel van zijn activiteiten in de astronomie en de andere verwante wetenschappen, zie zijn eigen samenvattende monografie: *Astronomia Europaea*, Dillingen: C. Bencard, 1687 (voor een uitvoerig becommentarieerde editie, met Engelse vertaling, zie *Monumenta Serica Monograph Series*, nr. 28, Nettetal, 1993).

13. Over F. Verbiest en zijn rol in de transmissie van het aristotelische corpus naar het Chinees, zie de verschillende bijdragen van A. Dudink, N. Golvers en N. Standaert in N. Golvers (ed.), *The Christian Mission in China in the Verbiest Era: Some Aspects of the Missionary Approach*, Leuven, 1999.

14. H. Josson & L. Willaert, *Correspondance de F. Verbiest*, p. 165.

15. Een samenvattend overzicht van F. Verbiests 'public relations'-initiatief naar Europa toe heb ik proberen te brengen in: 'The Missionary and his Concern about Consolidation and Continuity: Ferdinand Verbiest's Astronomica and the Public Relations of the China Mission in the Last Decades of the 17th Century', in: *The Celebration Volume of J. Heyndrickx*, (2007).

16. Zie uitgave van het *Supplement on F. Verbiest's Correspondence* (in de Louvain Chinese Studies).

Leonardvs Lessivs Societatis Iesv Theologvs. *Vir summa ingenij, iudicij, memoriæ vi præditus. Scientijs propè omnibus excellenter instructus. Hebraicè, Græcè iuxta ac Latinè doctus. Indefessus librorum lector scriptorq; Orbe toto de grauissimis quæstionibus pro oraculo consultus. Admiranda explicandi perspicuitate, singulari sapientia, incredibili modestia, innoxio morum candore, moderatissima victus abstinentia, inuicta grauissimorum morborum tolerantia, perpetua cum Deo familiaritate, totius deniq; vitæ sanctimonia ornatissimus. Publicatis de* IVSTITIA ET IVRE, *de Gratia, de Pontifice, de Capessenda fide, de Vitæ statu, de Celibatu, de Summo Bono, de Antichristo, de Abstinentia, de Moribus diuinis, de Numine, de Animi immortalitate, immortalibus ingenij sui monumentis, dum in totam D. Thomæ Theologiam calamum parat, Louanij moritur, septuagenario proximus.* XVIII. *Cal. Febru. An.* M.DC.XXIII. *Natus Brechtæ Brabantiæ pago Cal. Octob. An.* M.D.LIV.

ILLVSTRI ET REVERENDISSIMO DNO D. IOANNI MALDERO ANTVERPIENSI EPISCOPO

Leonardus Schoofs, R.P. Leonardi e Sorore nepos, Abbatiæ S. Michaëlis Religiosus et Pastor in Santvliet L.M.DD.CC

Bekommerd om het meeste heil

Leonardus Lessius als handelsethicus

Toon Van Houdt

Vierhonderd jaar geleden (1606-2006) stierf de grote geleerde Justus Lipsius (1547-1606), in zijn eigen tijd wereldberoemd als filoloog, historicus van de oudheid en neostoïcijns filosoof. Aan die verjaardag werd in binnen- en buitenland veel ruchtbaarheid gegeven en terecht. Zijn goede vriend en 'mental coach' Leonardus Lessius (1554-1623),[1] gerenommeerd theoloog en auteur van tal van geleerde traktaten, moet het vandaag met heel wat minder academische belangstelling stellen. De vierhonderd vijftigste verjaardag van zijn geboorte ging in 2004 overal welhaast ongemerkt voorbij. Overal maar niet in Antwerpen, waar de Lessius Hogeschool besloot de gebeurtenis enige luister bij te zetten door beeldhouwer Jeroen Humbeeck de opdracht te geven een gloednieuwe bronzen buste te creëren van de man die inmiddels zijn naam had geschonken aan de hogeschool. De buste werd in de lente van 2005 tijdens een officiële plechtigheid onthuld.[2]

Een blijk van barmhartigheid? Veeleer een daad van historische rechtvaardigheid. Want Lessius' geleerde laatscholastieke geschriften mogen dan al minder toegankelijk zijn dan de spitse dialogen en levendige brieven van Lipsius, zijn onwankelbare keuze voor het ene, ware, katholieke geloof mag dan al minder modieus, minder 'spannend' overkomen dan de innerlijke onrust en vertwijfeling van een Lipsius, toch blijkt zijn denken nog altijd – en misschien wel meer dan ooit – een heel concrete actuele relevantie te bezitten die men in Lipsius' intellectuele oeuvre toch een beetje mist. Hoe actueel Lessius' denken wel is, bleek nog bij de uitreiking van de Nobelprijs voor de Vrede aan Muhammad Yunus in 2006, oprichter van de Grameenbank in Bangladesh die arme mensen beperkte en goedkope leningen verstrekt die hen in staat stellen zich op eigen kracht uit armoede en hulpbehoevendheid op te werken.[3] Microkrediet: het is een formule die Leonardus Lessius in de late zestiende eeuw weliswaar niet zelf heeft uitgevonden, maar wel op zijn economische en ethische waarde heeft onderzocht én op grond daarvan krachtdadig heeft gepropageerd.[4] Het voorbeeld illustreert niet alleen

Jan Van Mechelen naar Schelte a Bolswert, Portretgravure van Leonardus Lessius S.J.

hoe Lessius problemen van economisch-ethische aard aanpakte, maar ook hoe hij denken en doen, ethische reflectie en maatschappelijk engagement met elkaar combineerde. In die zin onthult het veel over de manier waarop Lessius zichzelf als vroegmoderne moraaltheoloog en – ruimer – als jezuïet definieerde. Precies daarom wil ik er hier in het kader van deze 'portrettengalerij' van markante jezuïeten in de Lage Landen dieper op ingaan.

Ethiek en opportuniteit: Lessius' verdediging van de Bergen van Barmhartigheid

In 1618 opende ene Wenzel Cobergher (1557-1634) in opdracht van de aartshertogen Albrecht en Isabella in Brussel een eerste Berg van Barmhartigheid (*Mons Pietatis*). Het lag in de bedoeling een netwerk van Bergen op te richten die mensen in geldnood in ruil voor een onderpand een goedkoop krediet zouden verlenen. Aan de kapitaalverstrekkers werd 6,25 % uitgekeerd, een som die betaald moest worden met de 15 % interest die van de arme ontleners werd gevraagd. Niet bepaald een lichte interestvoet, maar toch een die ver beneden de woekerinteresten lag die de private uitleners ofte Lombarden toentertijd aanrekenden.[5] Nu was Cobergher er zich terdege van bewust dat hij lang niet iedereen van het ethische gehalte van zijn onderneming zou overtuigen. Ondertussen hadden de Lombarden trouwens al een advocaat voor hun kar gespannen om hun belangen te verdedigen en de Bergen in diskrediet te brengen. Cobergher besloot dezelfde tactiek toe te passen. Ook hij schakelde een geleerde in, geen jurist, wel een theoloog met een grote nationale en internationale uitstraling: de Vlaamse jezuïet Leonardus Lessius, die van 1585 tot 1600 moraaltheologie had gedoceerd aan het studiehuis van de jezuïeten in Leuven en die in 1605 zijn standaardwerk *Over rechtvaardigheid en recht* (*De iustitia et iure*) had gepubliceerd. Die publicatie vestigde voor eens en altijd zijn reputatie als een van de meest gezaghebbende ethische experten van zijn tijd: van heinde en ver kwamen biechtvaders, rechtsgeleerden en zakenlui hem over diverse morele problemen raadplegen. Ook in politieke kringen genoot hij een hoog aanzien. Naar verluidt had aartshertog Albrecht zijn traktaat steeds binnen handbereik: zijn beleid moest steunen op de wapenen van Oostenrijk en de wijsheid van Lessius.[6]

Lessius ging op Coberghers verzoek in. Hij stelde een verdediging op die hij in 1621 in de vorm van een uitvoerige appendix aan zijn traktaat *Over rechtvaardigheid en recht* toevoegde. Maar waarom behoefden die Zuid-Nederlandse Bergen per se een verdediging? Wat was er vanuit ethisch oogpunt dan zo verkeerd of althans dubieus aan? De kern van het ethische probleem was gelegen in het feit dat de Zuid-Nederlandse Bergen een matige interest aan hun klanten aanrekenden. Volgens hun tegenstanders maakten zij zich daardoor *ipso facto* schuldig aan woeker en op het eerste gezicht lijkt Lessius hen gelijk te moeten geven. Want volgens de kerkelijke leer was er sprake van woeker, wanneer men krachtens en op grond van lening een geldsom inde. 15 % was misschien geen buitensporig hoge interest – zeker niet in vergelijking met de 32 à 33 % die de Lombarden gewend waren te vorderen – maar het was toch interest uit lening en dus per definitie woeker. De kernvraag die Lessius moest beantwoorden luidde dan ook of de Zuid-Nederlandse Bergen, die interest aanrekenden, zich schuldig maakten aan woeker of niet.

Bergen die gratis leenden, waren perfect in overeenstemming met de kerkelijke interestleer en verdienden zonder twijfel het etiket 'liefdadig' of 'barmhartig', maar door hun wankele financiële basis liepen zij het risico om binnen de kortste keren bankroet te gaan. De Zuid-Nederlandse Bergen rekenden, zoals gezegd, wél een matige interest aan. Volgens Lessius waren zij minder 'liefdadig', maar maakten zij zich niet schuldig aan woeker: zij mochten zich schadeloos stellen voor de onkosten die zij bij het lenen hadden gemaakt, en daar hoorden volgens hem ook de bekostiging van de gebouwen en de vergoeding van de kapitaalverstrekkers toe. Een alternatief was er trouwens niet. Men zou er volgens Lessius weliswaar aan kunnen denken de infrastructuur van de Bergen via een extra belasting op bier, wijn of andere produkten te bekostigen. Maar hij besefte maar al te goed dat zo'n indirecte belasting op levensmiddelen té gevoelig lag om in alle ernst te worden doorgevoerd. Verder was het in principe ook mogelijk om naar Italiaans voorbeeld 'gratis Bergen' op te richten – Bergen dus waarvan de kapitaalvoorraad louter uit gratis giften bestond en die daarom geen interest hoefden aan te rekenen om de kapitaalverstrekkers te vergoeden. Maar dat plan wimpelde Lessius als onrealistisch af. Zwoer men bij interestloze leningen, dan zou men de Bergen in het failliet storten en de mensen opnieuw in de armen van de private woekeraars drijven:

> Het standpunt van de tegenpartij komt erop neer dat men elke poging om zo'n Berg op te richten fnuikt en de woekeraars weer introduceert. Want de gratis giften zijn gering en volstaan niet om zelfs maar een gebouw voor de Berg aan te schaffen, laat staan om steun te verlenen aan de behoeftigen.[7]

Lessius stond een kredietinstelling voor ogen die zowel investeerders als ontleners baat bracht. De instelling zou er volgens hem niet minder weldadig of caritatief om zijn.

> Het is onjuist te stellen dat men de instelling geen Berg van Barmhartigheid zou mogen heten. Want het verstrekken van leningen is een werk van barmhartigheid, ook al vraagt men een vergoeding: door

> andermans noden te verhelpen verricht men in de ware zin van het woord liefdadig werk.[8]

Financieel rendement en maatschappelijk surplus, eigenbelang en altruïsme hoeven mekaar dus niet uit te sluiten. Op dit punt vertoont Lessius' pleidooi voor de Bergen een raakpunt met actuele beschouwingen omtrent ethisch financieren. Via alternatieve kredietcircuits als het Krekelsparen ondersteunt de kleine spaarder van nu kleinschalige, sociaal en ecologisch verantwoorde projecten, zonder van een normale opbrengst van zijn spaargeld te moeten afzien. In zekere zin verdient hij aan de hulp die hij biedt. Hij denkt aan zichzelf én aan de ander. Maar is liefdadigheid die gepaard gaat met de nodige dosis 'baatzucht' nog wel echt liefdadig? De tegenstanders van de Bergen van Barmhartigheid beantwoordden die vraag ronduit negatief. Zij vonden dat de Bergen niet strookten met de christelijke eis tot barmhartigheid of naastenliefde en weigerden dan ook de instelling goed te keuren. Lessius gaf in zijn verdedigingsgeschrift hun bezwaren getrouw weer:

> Het is niet ernstig te beweren dat zo'n Berg de naam 'barmhartig' verdient omdat hij bereid is – weliswaar tegen betaling – een lening te verstrekken aan al wie daarom verzoekt. Tegen betaling leent ook een woekeraar graag uit aan al wie daarom vraagt.[9]

De tegenpartij constateerde een onoverbrugbare kloof tussen ideaal (barmhartigheid) en realiteit (Bergen van Barmhartigheid), en berustte daarin: liever geen barmhartigheid dan een geperverteerde vorm ervan, liever geen Bergen dan Bergen die interest vorderen:

> Als de naastenliefde van de mensen zozeer verkilt dat men bij gebrek aan gratis geldelijke giften geen Bergen van Barmhartigheid in de ware zin van het woord kan oprichten, dan is dat nog geen geldige reden om de onaantastbare woekerleer van de Heilige Geest en de Kerk omver te gooien of te perverteren.[10]

Lessius weigerde zich bij dit verdict neer te leggen. Een evenwichtige afweging van het gewenste en het mogelijke deed hem besluiten dat de Bergen niet ideaal, maar wel onontbeerlijk nuttig waren. Hij probeerde Bijbelse inspiratie en moderne institutie met elkaar te verzoenen, het wenselijke op het haalbare af te stemmen. Zijn houding getuigt van een realiteitszin die de 'beginselhelden' van de tegenpartij zelf onmogelijk konden billijken.[11]

Casuïstiek als methode van ethische probleemoplossing

Lessius' ruime standpunt inzake economische ethiek in het algemeen en de Zuid-Nederlandse Bergen in het bijzonder, werd ingegeven door een houding of methode die in de vroegmoderne tijd wijd verbreid was en die sinds enkele decennia weer volop in de belangstelling staat, ja zelfs aan een revival lijkt toe te zijn. Zij kan kort en bondig als casuïstiek worden omschreven en vormde in de vroegmoderne tijd als het ware het handelsmerk van de jezuïetenorde.

In het dossier van de Bergen van Barmhartigheid werden Lessius twee zeer concrete vraagstukken voorgelegd:

> (1) Mag men op gezag van de vorst in een stad ten voordele van de gemeenschap een Berg van Barmhartigheid oprichten waarin van de ontleners niet alleen voor de vergoeding van de bedienden de strikt vereiste som wordt gevorderd, maar ook voor de jaarlijkse afbetaling van de renten, waartegen de Berg zijn kapitaal heeft aangetrokken?
>
> (2) Mag men een Berg oprichten waarin van de ontleners niet alleen voor het loon van de bedienden en de rentebetaling, maar ook voor de op- en inrichting van een gebouw de vereiste som wordt gevorderd?

Het was nu Lessius' taak als theoloog om de algemene beginselen van de kerkelijke interestleer op deze twee casussen toe te passen. Daarbij moest hij rekening houden met de concrete omstandigheden, waarin het 'geval' zich voordeed – omstandigheden die van plaats tot plaats konden verschillen en van tijd tot tijd veranderen. Die verschillen en veranderingen hadden immers een onmiddellijke weerslag op de beoordeling van het concrete geval. Zo was het interestverbod ontstaan binnen de subsistentie-economie van de Bijbelse oudheid en de vroege middeleeuwen en die was uiteraard niet te vergelijken met het sterk ontwikkelde handelskapitalisme van Lessius' tijd. Het verbod had in beide periodes andere effecten en diende dus ook anders te worden beoordeeld. Verder waren de Zuidelijke Nederlanden ook niet te vergelijken met Italië: dat 'gratis Bergen' ginder een groot succes kenden, garandeerde nog niet dat de structuur van die Bergen onveranderd op onze streken kon worden overgeplant.

Wie aandacht schonk aan de omstandigheden, schonk meteen ook aandacht aan wat opportuun was en wat niet, wat maatschappelijk nuttig was of niet. Ook Lessius deed dat. Daarmee verlaagde hij het debat niet tot het niveau van een ordinair opportunisme, maar trok hij de discussie integendeel breed open.

Traditioneel werd het debat over de Bergen (en dat over interest en woeker in het algemeen) gevoerd binnen de grenzen van de zogeheten ruilrechtvaardigheid (*iusititia particularis*). Bij een contract moesten

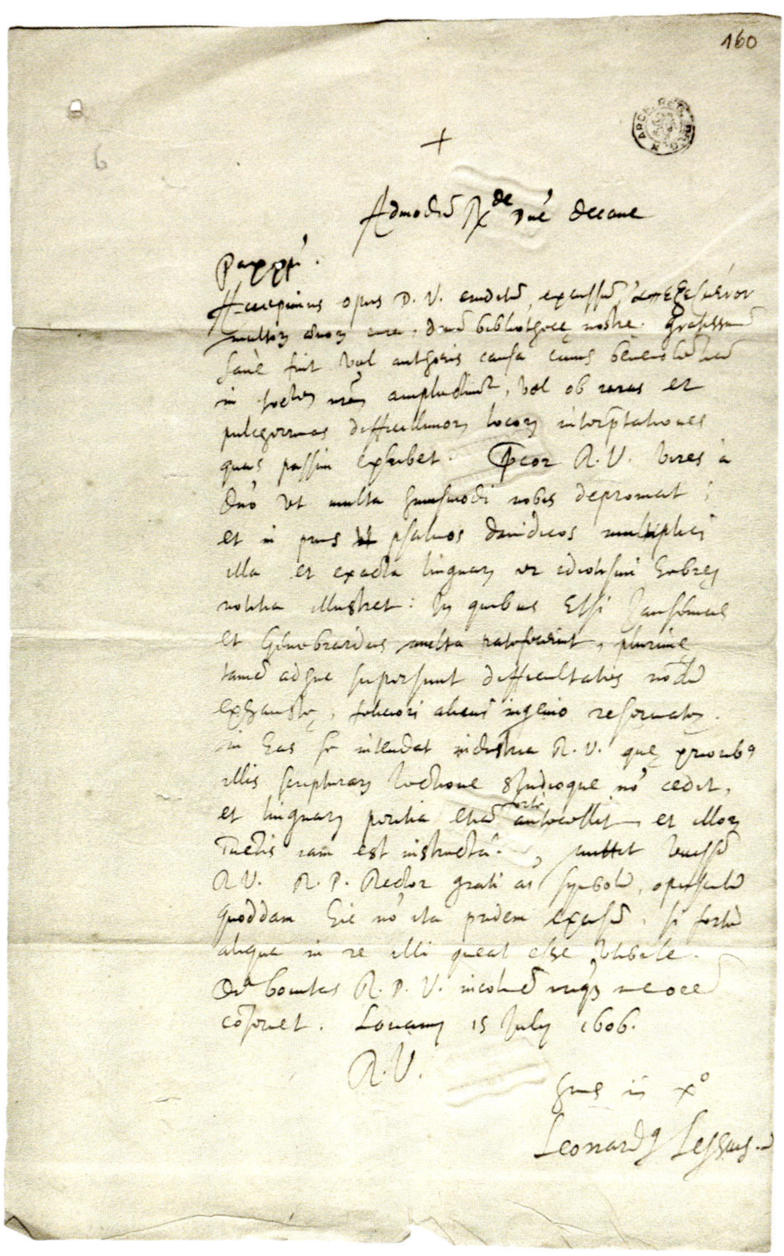

Brief van L. Lessius in Leuven aan F. Lucas waarin hij hem bedankt voor de schenking van zijn bijbelcommentaren aan de bibliotheek van de Leuvense jezuïeten, 1606.

beide partijen gelijk worden beloond en belast: tussen prestatie en tegenprestatie moest er een evenwicht of gelijkheid bestaan. Zoals gezegd, beantwoordden de Zuid-Nederlandse Bergen volgens Lessius aan dit principe. De Bergen ontvingen niet meer dan ze aan de ontleners gaven, want zij mochten zich schadeloos stellen voor gemaakte onkosten en de ontleners betaalden niet meer terug dan ze in de vorm van krediet hadden gekregen, want in ruil voor het voordeel dat zij van de Bergen genoten, moesten ze ook bijdragen in de lasten van de instelling.

Maar daarnaast bestudeerde Lessius de Bergen ook in het licht van de algemene rechtvaardigheid (*iustitia generalis*). Hierin week hij niet alleen af van zijn rigoristische tegenstanders, maar ging hij ook veel verder dan de meeste andere laatscholastieke theologen van zijn tijd. De algemene rechtvaardigheid beschouwt niet de relatie van contractant tot contractant op zich (*pars ad partem*), maar die van de individuele burger tot de gemeenschap (*pars ad totum*). Zij weegt met andere woorden het ethische gehalte van een handeling of instelling af aan haar nut of nadeel voor het algemene belang, het *bonum commune*. En dat de Zuid-Nederlandse Bergen het algemene belang dienden, stond voor Lessius als een paal boven water. Uitvoerig somt hij de vele maatschappelijke voordelen van de Bergen op. De teneur is dat men Bergen bezwaarlijk *niet* kon oprichten; oprichting drong zich eenvoudigweg op.[12]

Het schermen met het 'algemeen belang' levert allicht geen doorslaggevende argumenten, geen 'zekere', onomstotelijke bewijzen op, maar dat stoorde Lessius hoegenaamd niet. Juist omdat de ethiek voortdurend rekening moet houden met de concrete omstandigheden en die omstandigheden voortdurend aan verandering onderhevig zijn, kan de moraaltheoloog in het beste geval slechts waarschijnlijke, 'probabele' argumenten aanvoeren. Deze idee vormde de basis van het morele denken van de jezuïeten en werd al in 1554 scherp verwoord door Jacobus Lainez, de latere generaal-overste van de orde:

> Handelsovereenkomsten zijn een materie die betrekking heeft op de moraal en die daarom geen absolute zekerheid, maar slechts een zekere mate van probabiliteit toelaat. Want de minste wijziging in de omstandigheden dwingt de theoloog ertoe zijn oordeel over heel de zaak te herzien.[13]

Wanneer men niet zeker weet of een handeling geoorloofd is, mag men haar volgens de 'probabilist' toch verrichten, als men maar een probabele reden kan aanvoeren dat ze niet verboden is (en dit zelfs als er een meer waarschijnlijke reden zou bestaan dat ze wél verboden is). Zeker waar het algemeen belang op het spel staat, mag men zich rustig op probabele argumenten verlaten, vindt Lessius:

> Aangezien we toch voor het algemeen welzijn geboren zijn, zie ik niet in waarom men ter ondersteuning van dat algemeen welzijn geen gebruik zou mogen maken van een waarschijnlijk oordeel, wanneer in tijden van grote moeilijkheden andere, meer aangewezen middelen ter ondersteuning ontbreken.[14]

Bergen van Barmhartigheid zijn geoorloofd en liefdadig. Die stelling wordt door Lessius met probabele argumenten geadstrueerd. En die argumenten volstaan volgens hem om het debat ten voordele van de Bergen te beslissen, temeer daar het belang van de gemeenschap in hoge mate van de oprichting van die Bergen afhangt en haalbare alternatieven niet voorhanden zijn. Op basis van een dergelijke redenering weet Lessius een controversiële instelling te rechtvaardigen en draagt hij bij tot de realisering ervan. Zijn beginselvaste opponenten hebben op zijn argumenten geen pasklaar antwoord. Zij kunnen slechts zweren bij de steriele strengheid van hun ideaal en ondertussen Lessius' argumenten als probabel bestempelen en als zodanig van de hand wijzen. Zo raakt het debat over de Bergen verstrikt in een strijd tussen rigoristen en probabilisten. Het debat verandert van karakter: de inzet is niet langer de Bergen zelf, maar de fundamenten waarop de moraaltheologie (de ethiek) behoort te berusten.

Die strijd zal in de loop van de zeventiende en de achttiende eeuw in volle hevigheid woeden, maar is in feite nog altijd aan de gang. In moderne termen vertaald reflecteert het conflict de keuze tussen een meer principe-georiënteerde en een meer situatie-gevoelige aanpak. De principe-georiënteerde methode kan leiden tot 'Prinzipienreiterei' die blind blijft voor de concrete situaties waarin een moreel probleem zich voordoet. Een situationele benadering houdt dan weer het gevaar in dat de fundamentele ethische principes vervagen door de vele uitzonderingen die bij de toepassing ervan worden toegestaan. Lessius streefde een gulden middenweg na. Telkens men hem een moreel probleem voorlegde, onderzocht hij de concrete context waarin het geval zich voordeed. Met dat doel voor ogen ging hij bijvoorbeeld de Antwerpse beurspraktijk van nabij bestuderen. Maar die situationele aanpak maakte hem niet blind voor de fundamentele principes waarop het ethische oordeel uiteindelijk behoorde te berusten. Ook in het debat over de Bergen wist Lessius beide aspecten met elkaar te verzoenen. Zoals gezegd, hield hij ernstig rekening met de concrete maatschappelijke situatie waarin deze instellingen functioneerden; in feite belichtte hij zo het probleem vanuit het principe van de algemene rechtvaardigheid. Kortom, in Lessius' benadering blijkt ook een situationele ethiek op stevige principes te berusten.[15]

Geloof én wereld: een bewuste levenskeuze

Tot op het einde van zijn leven bleef Lessius actief als ethisch expert. Eigenlijk een beetje tegen zijn zin, zo is mijn indruk. Naar het einde van zijn leven toe trok de jezuïet zich inderdaad terug uit de vurige ethische (en andere) debatten waaraan hij tot dan toe actief had deelgenomen. Voortaan legde hij zich meer dan ooit toe op de innerlijke aspecten van het geloof en de cultivering van de ziel. Zijn leven lang was hij al een asceet geweest, nu ontpopte hij zich bovendien als een fervent beoefenaar van de mystiek: hij bestudeerde en becommentarieerde mystieke traktaten – een werk dat hij beschouwde als een noodzakelijke voorbereiding op de mystieke beleving, die hij mogelijk zelf heeft ervaren.[16]

Die opvallende wending of ommekeer bevestigde in zijn eigen tijd het beeld dat vrienden en collega's van Lessius hadden. Die bestempelden onze jezuïet als een bezonnen man met een scherp verstand en een goed oordeelsvermogen, iemand met een zwakke gezondheid, maar met een evenwichtig temperament. Volgens diezelfde vrienden en collega's was hij erg ervaren in spirituele zaken, maar veel minder in wereldse aangelegenheden.[17] Die wending verklaart tegelijk waarom er in de loop der tijden minstens twee totaal verschillende visies over de jezuïet zijn geformuleerd. Aan de ene kant is er het beeld van Leonardus Lessius als vrome pater die de wereld de rug toekeerde en zich door zijn strenge ascese en doorleefde mystiek een faam van heiligheid wist te verwerven. Aan de andere kant is er het beeld van Lessius als een vakkundige economist die zeer goed wist waarover hij sprak omdat hij van heel nabij de wereld van geld en goederen had leren kennen en doorgronden.[18] Maar gaat het echt om twee diametraal tegengestelde en onderling volstrekt onverzoenbare visies? Ik denk van niet. In feite hebben we hier niet te maken met een radicale antithese, maar veeleer met de twee zijden van één en dezelfde medaille: Lessius was een jezuïet en precies in de jezuïetenspiritualiteit werd (en wordt) de spanning tussen betrokkenheid op en distantie van de wereld tot verzoening gebracht.

Lessius was inderdaad vóór alles een jezuïet. Men kan zich zonder veel moeite de verbijstering en ontgoocheling van verwanten en vrienden voorstellen, wanneer Lessius in 1572 – hij is zonet glansrijk afgestudeerd en heeft een schitterende toekomst in het vooruitzicht – elke wereldse carrière afwijst om in te treden bij de Sociëteit van Jezus. Lessius kan hierbij niet zomaar over één nacht ijs zijn gegaan. Het moet een uitzonderlijke moed en beslistheid hebben gevergd om zich als een van de eerste Zuid-Nederlanders te scharen aan de kant van een nieuwe, nog verdachte beweging die zich aandiende als de stoottroep van de katholieke contrareformatie en dat op een ogenblik dat de politiek-religieuze strijd in onze gewesten nog in alle hevigheid woedde. Willen we inzicht krijgen in de motieven die de jonge Lenaert Leys tot zijn vastberaden, non-conformistische levenskeuze dreven, dan doen we er goed aan de raadgevingen ter hand te nemen die hij zelf formuleerde in zijn handleiding voor de zoektocht naar een geschikte levensstaat, zijn *Disputatio de statu vitae deligendo et religionis ingressu* uit 1613. Over het belang van een weloverwogen keuze kan alvast geen twijfel bestaan, zo stelt Lessius. Want zoals in de wetenschap de kleinste vergissing in de uitgangspunten tot kolossale fouten leidt in de redeneringen die daarvan zijn afgeleid, zo raakt de mens in een onontwarbaar kluwen van zonde en verderf verstrikt wanneer hij in zijn jeugdjaren de verkeerde morele keuzes maakt.

> Er bestaat niets heilzamer dan een bezonnen keuze, maar ook niets verderfelijker dan een onoverwogen en roekeloze keuze. Helaas, hoe groot is de dwaasheid van de mens en zijn onbezorgdheid over de toekomst! Onder de zon wordt niets zo sterk aan het toeval overgelaten. De meesten bekommeren zich bij dit beraad niet om wat hun in de toekomst het meeste heil zal bijbrengen, maar wel om wat hun nu de grootste winst, eer, lust en lichamelijk plezier oplevert – alsof het eeuwige heil een fabeltje is of ons zonder de minste inspanning vanzelf te beurt moet vallen.[19]

Uit de aangehaalde passus kan met grote waarschijnlijkheid worden afgeleid dat ook Lessius' eigen levenskeuze op een weloverwogen spiritueel motief gebaseerd was: een levensstaat als jezuïet leek hem met het oog op het uiteindelijke geluk in het hiernamaals verstandiger en veiliger dan een aanlokkelijke carrière die hem succes in deze wereld kon bezorgen. Lessius waarschuwt trouwens nadrukkelijk voor negatieve druk van buitenaf wanneer men twijfelt over de keuze voor een religieuze levensstaat; allicht herinnerde hij zich nog levendig de bemoeienissen van zijn beschermheer Jan Heuvelmans, raadsheer van Willem van Oranje, die zijn intrede in de jezuïetenorde tot elke prijs had trachten te verhinderen. Zelfs voor de raad van ouders en verwanten moet men op zijn hoede zijn, aldus Lessius, want die hebben veelal hun eigen eer op het oog, niet het zielenheil van hun kinderen. De conclusie ligt voor de hand. Lessius denkt onmiskenbaar vanuit een diep-religieus mens- en wereldbeeld; mogelijk was hij daarvan in de ban geraakt door de vlammende preken die de Italiaanse jezuïet Robertus Bellarminus in Leuven hield toen hij daar aan de universiteit studeerde.

De afstand die Lessius in zijn *Disputatio de statu vitae deligendo* van het ijdele schouwtoneel van de wereld neemt, vinden we ook terug in zijn andere apologetische en mystieke werken. Als een refrein weerklinkt de klacht over de lichtzinnigheid waarmee de mens zijn leven leidt:

> De dwaasheid van de mens bestaat erin dat hij zich niet al te druk maakt of zich niet bezint over het eeuwige heil, maar wel de grootste

> gretigheid en slimheid aan de dag legt in tijdelijke en vergankelijke zaken.[20]

De mens verliest het contact met zijn ware geluk door zijn hopeloze verslaving aan rijkdom, eer en lust. De enige remedie tegen die menselijke verdwazing bestaat er volgens Lessius in zich voortdurend te bezinnen over de menselijke eindbestemming: het hiernamaals en – vooral – het Laatste Oordeel:

> Men kan een beraadslaging over de vraag hoe men moet handelen niet beter beginnen dan met een overweging van de dood en het voor eeuwig geldende oordeel.[21]

Ferdinand van Abshoven, portret van Leonardus Lessius in gebed, 1613.

Moeten we uit deze ascetische, 'onaardse' uitlatingen van Lessius besluiten dat Karel Van Sull het bij het rechte eind had toen hij onze geleerde bestempelde als 'un nouveau Saint-Paul revenu du troisième ciel', als een vreemde en balling in dit ondermaanse leven?[22] We menen van niet. Uit de studie van Lessius' moraaltheologische werken blijkt dat de economisten gelijk hebben wanneer zij hem een grondige vertrouwdheid met de wereldse gang van zaken en de concrete handelspraktijk toeschrijven. Hoe kunnen we deze paradox verklaren? Het antwoord is wellicht simpel: Lessius was volledig doordrongen van de ignatiaanse spiritualiteit, die op een unieke manier een brug wist te slaan tussen contemplatie en actie, tussen verachting van het aardse en wereldse engagement. Lessius was een jezuïet – hoe eenvoudig dat ook moge klinken. Laten we dit nader toelichten.

Dat Lessius jezuïet in hart en nieren was, verklaart vooreerst de aard van zijn mystieke geschriften. Het behoort tot het wezenskenmerk van de ignatiaanse spiritualiteit om Gods majesteit te zoeken in de hele wereld, en diezelfde goddelijke majesteit ook uit te dragen naar alle uithoeken van de wereld. Zelfs in zijn studeerkamer produceert de jezuïet idealiter werk van geëngageerde signatuur: contemplatie en actie horen samen. Binnen de sfeer van de religieuze literatuur streeft hij dan ook een mystieke, maar praktische theologie na, die de lezer niet verdort met louter speculatieve theorieën, maar hem integendeel in heel zijn zintuiglijkheid en affectie aanspreekt en hem aanmoedigt meteen werk te maken van zijn persoonlijke heiliging. Iedereen moet worden aangesproken door en in actie worden gezet voor de goddelijke boodschap.[23] Deze mystieke, maar praktische theologie wordt door Lessius expliciet verwoord in de dedicaties of voorwoorden tot zijn vele spirituele geschriften. Zijn inhoudelijke doelstelling om zoveel mogelijk gelovigen in hoofd én hart aan te spreken verklaart trouwens zijn opvallend eenvoudige en heldere schrijftrant, waarvoor hij reeds in zijn eigen tijd door vriend en vijand geroemd werd.

Eenzelfde praktisch-pastorale bekommernis om de hele wereld tot God te brengen ligt aan de basis van de onvermoeibare ijver waarmee de jezuïeten zich in alle domeinen van het leven hebben waargemaakt. Voor de jezuïet is de wijde wereld missiegebied. De zuiver spirituele literatuur, waarin de reeds gevorderde mens aangespoord wordt om zich aan de cultivering van zijn ziel te wijden, moet daarom worden aangevuld met een meer laagdrempelige literatuur, die ook de veeleer wereldsingestelde mens de hand reikt, en hem ten minste tot minimale vormen van morele deugdzaamheid kan aanzetten. Op die manier blijft ook voor hem de weg naar een zedelijk en geestelijk leven open. Al heeft men de jezuïeten vaak een soort dubbele moraal aangewreven, toch behoort het niet tot hun geringste verdiensten steeds een brug tussen geloof en wereld te hebben gebouwd. De jezuïeten profileerden zich niet voor niets als strijders in dienst van de 'katholieke', in beginsel alle gelovigen omvattende, kerk. Lessius' bijzondere aandacht voor de wereld van de handel en het geld moet onder meer in het licht van deze massale missioneringscampagne worden begrepen.[24]

Het typische 'apostolaat met de pen'[25] van de jezuïetenorde vertoonde dus twee sporen, die door Lessius beide werden bewandeld: hij schreef spirituele literatuur voor gevorderden, die het licht reeds hadden gezien en misschien zelfs al tot een geestelijke levensstaat waren overgegaan; daarnaast reikte hij de mens in de wereld morele voorschriften aan, die desnoods wat soepeler waren. In elk geval moest ook deze laatste groep blijvend worden aangesproken – zo bijvoorbeeld door middel van Mariasodaliteiten die op grote schaal werden gesticht en tot doel hadden het spirituele leven van de mens in de wereld op te krikken, zo ook door een breed maar degelijk onderwijs dat mensen in staat moest stellen rationeel over hun katholieke geloof na te denken. Typisch in dit verband is Lessius' minachting voor zogenaamde 'plebejers', die slechts katholiek zijn omdat ze nu eenmaal in een dergelijk milieu zijn opgegroeid of omdat hun vrienden het zijn, maar weinig of geen verstandelijk inzicht in hun godsdienst blijken te hebben.[26]

Conclusie

De jezuïtische osmose tussen geloof en wereld kenmerkt niet alleen Lessius' oeuvre in algemene zin. Zij weerspiegelt zich ook in de 'diepte' van zijn meest theoretische werken, met name zijn traktaat over rechtvaardigheid en recht (*De iustitia et iure*) uit 1605 en zijn traktaat over goddelijke genade en menselijke vrije wil (*De gratia efficaci*) uit 1610. Beide geschriften vertrekken inderdaad van dezelfde basisveronderstellingen, die karakteristiek blijken te zijn voor de jezuïetenorde als geheel: de stelling dat natuur en genade perfect met elkaar te verenigen zijn en de daaraan verbonden positieve waardering van het menselijke intellect en de menselijke vrijheid. Zowel Lessius' genadeleer als zijn economische ethiek worden inderdaad op een bijzondere manier 'gekleurd' door een optimistisch geloof in de menselijke vrije wil, die niet slaafs mag worden ondergeschikt aan absolutistische wetten of autoriteiten – of ze nu van religieuze, politieke dan wel economische aard zijn. Een inzicht dat relevant is en blijft. Een inzicht dat ons kan – en misschien wel moet – inspireren in ons streven naar een economische ruimte waarin het vrije, moreel verantwoordelijke individu centraal staat.

1. Voor de relatie tussen Lipsius en Lessius verwijs ik naar mijn bijdrage in G. Tournoy, J. Papy en J. De Landtsheer (eds.), *Lipsius en Leuven*, Supplementa Humanistica Lovaniensia, 13, Leuven, 1997, nr. 76, pp. 246-249.
2. Het beeld is te bewonderen in de prachtige neogotische ontvangstzaal van de vzw Maria-Elisabeth Belpaire in de Jozef De Bomstraat 11, Antwerpen.
3. M. Yunus, *Banker to the Poor. Micro-Lending and the Battle Against World Poverty*, London, 1998. Zie tevens www.microcreditsummit.org.
4. Vgl. R. Beutels, *Leonardus Lessius (1554-1623). Portret van een Zuidnederlandse laatscholastieke econoom. Een bio-bibliografisch essay*, Wommelgem, 1987, p. 91: 'Waarlijk, gezien onze know-how lijkt de formule van de 'Openbare Kas van Lening' [d.i. *Mons Pietatis*] wel een bankprodukt, geschikt om in de vorm van een netwerk naar ontwikkelingslanden te worden uitgevoerd.'
5. Voor de concrete historische omstandigheden waarin de Zuid-Nederlandse Bergen van Barmhartigheid werden opgericht, zie het standaardwerk van P. Soetaert, *De Bergen van Barmhartigheid in de Spaanse, de Oostenrijkse en de Franse Nederlanden (1618-1795)*, Gemeentekrediet, Historische Uitgaven, reeks in-8°, 67, Brussel, 1986.
6. Voor de historische waarde en betekenis van de anekdote, zie T. Van Houdt – W. Decock, *Leonardus Lessius: traditie en vernieuwing*, Antwerpen, 2005, p. 135.
7. T. Van Houdt, N. Golvers en P. Soetaert, *Tussen woeker en weldadigheid. Leonardus Lessius over de Bergen van Barmhartigheid (1621). Vertaling, inleiding en aantekeningen*, Publicaties van het Centrum voor Economie en Ethiek van de K.U.Leuven, Leuven-Amersfoort, 1992, p. 113 [voortaan afgekort als *WW*].
8. *WW*, p. 85.
9. *WW*, p. 111.
10. *WW*, p. 135.
11. Voor een meer uitvoerige bespreking van Lessius' verdediging verwijzen we naar T. Van Houdt – W. Decock, *Leonardus Lessius: traditie en vernieuwing*, Antwerpen, 2005, pp. 119-134.
12. *WW*, pp. 50-51 en 113-114.
13. H. Grisar (ed.), *Jacobi Lainez disputationes Tridentinae*, Innsbruck, 1886, vol. 2, p. 228.
14. *WW*, pp. 55-56.
15. Voor een meer diepgaande analyse van Lessius' werkwijze als ethisch expert, zie T. Van Houdt – W. Decock, *Leonardus Lessius: traditie en vernieuwing*, Antwerpen, 2005, pp. 40-54.
16. T. Van Houdt – W. Decock, *Leonardus Lessius: traditie en vernieuwing*, Antwerpen, 2005, pp. 32-33.
17. Brussel, Algemeen Rijksarchief, ARA, SI.FB, 936A, 1615.
18. Deze twee visies worden verder besproken en geëvalueerd in T. Van Houdt – W. Decock, *Leonardus Lessius: traditie en vernieuwing*, Antwerpen, 2005, pp. 11-20. Voor de tweede, 'economische' visie, zie verder ook de bijdrage van Guido Erreygers in deze bundel.
19. L. Lessius, *Disputatio de statu vitae deligendo et religionis ingressu*, Antwerpen, 1613, *dedicatio*.
20. L. Lessius, *Quae fides et religio sit capessenda consultatio*, Antwerpen, 1609, *dedicatio*.
21. L. Lessius, *Quae fides et religio sit capessenda consultatio*, p. 131.
22. Ch. Van Sull, *Léonard Lessius, de la Compagnie de Jésus (1554-1623)*, Museum Lessianum, Section Théologique, 21, Louvain-Paris-Bruxelles, 1930, p. 259.
23. Cf. J.W. O'Malley, *The First Jesuits*, Cambridge, Mass. – London, 1993, pp. 251-252.
24. Cf. T. Van Houdt, 'De economische ethiek van de Zuidnederlandse jezuïet Leonardus Lessius (1554-1623): een geval van jezuïtisme?', *De zeventiende eeuw. Cultuur in de Nederlanden in interdisciplinair perspectief*, 14.1, 1998, pp. 27-37.
25. De term is ontleend aan J. Andriessen, 'Apostolaat met de pen: intellectuele en artistieke activiteiten', in E. Put – M. Wijnants (eds.), *De Jezuïeten in de Nederlanden en het Prinsbisdom Luik (1542-1773)*, Algemeen Rijksarchief en Rijksarchief in de Provinciën, Educatieve dienst, Dossiers, 2.5, Brussel, 1991, pp. 61-73.
26. L. Lessius, *Quae fides et religio sit capessenda consultatio*, pp. 3-5.

Een moderne economist gevangen in de scholastieke traditie? Leonardus Lessius in de geschiedenis van het economische denken

Guido Erreygers

John Maynard Keynes, een van de meest invloedrijke economisten van de twintigste eeuw, stond bekend om zijn scherpe pen. In zijn meesterwerk *The General Theory of Employment, Interest and Money* (1936) schetste hij een niet echt flatterend beeld van de manier waarop economisten in zijn tijd aankeken tegen de economische inzichten van de scholastieken:

> Ik ben opgegroeid met het geloof dat de houding van de middeleeuwse Kerk in verband met de interestvoet inherent absurd was en dat de subtiele discussies met het oog op het maken van een onderscheid tussen het rendement op leningen van geld en het rendement van actieve investeringen alleen maar jezuïtische pogingen waren om een praktische uitweg te vinden uit een dwaze theorie.[1]

Ik denk niet dat Keynes met zijn ogenschijnlijk pejoratief bedoelde 'jezuïtische pogingen' specifiek naar Lessius wilde verwijzen – ik betwijfel of hij vertrouwd was met het werk van Lessius – maar het zou in elk geval gekund hebben. De jezuïet Lessius werd en wordt immers beschouwd als een van de belangrijkste vertegenwoordigers van de scholastieke economische traditie. In deze bijdrage wil ik trachten de betekenis van Lessius als economisch auteur te verhelderen.

De eerste vraag die ik probeer te beantwoorden is: 'Wat is de plaats die Lessius vandaag krijgt toegewezen in de geschiedenis van het economische denken?' Natuurlijk heeft het antwoord op die vraag veel, zoniet alles, te maken met de beoordeling die gemaakt wordt van de economische inzichten van Lessius. Dat houdt in dat ik ook een antwoord moet geven op de vraag: 'Welke bijdragen heeft Lessius geleverd aan de economische wetenschap?' Met andere woorden, ik ga hier dieper in op de originaliteit van Lessius als economist, en op de mate waarin die originali-

Ferdinand van Abshoven, portret van Leonardus Lessius als lesgever, 1613

teit wordt erkend in de literatuur over de geschiedenis van die wetenschap. Dit geeft me de gelegenheid om een andere persoon met Antwerpse wortels en een jezuïetenachtergrond in de schijnwerpers te plaatsen, met name Raymond De Roover.

De scholastieken in de geschiedenis van het economische denken

De geschiedenis van het economische denken is die tak van de economische wetenschap die zich bezighoudt met de historiek van de discipline. Welke economische theorieën zijn in de loop van de tijd ontwikkeld? Welke scholen hebben de economische wetenschap gedomineerd? Welke economisten maakten deel uit van die scholen? Wie heeft voor het eerst een cruciaal concept geformuleerd? Dat zijn enkele typische vragen die in de geschiedenis van het economische denken aan bod komen. Ook in andere disciplines, zoals de sociologie of de psychologie of de natuurkunde wordt dit soort vragen gesteld. Maar telkens rijst de vraag: hoever moet je teruggaan in de zoektocht naar de oorsprong van systemen, theorieën en concepten? Heeft het zin om bij wijze van spreken terug te gaan tot het begin der tijden bij het zoeken naar de wortels van de economische wetenschap?

Ik geloof dat vele economisten geneigd zouden zijn hierop te antwoorden dat we de zaken niet moeten overdrijven. Alles welbeschouwd, wat valt er immers te leren van een geschiedenis van onze dwalingen, fouten en verkeerde pistes? Zouden we ons niet beter beperken tot de tijd wanneer de economische wetenschap tot zelfstandigheid is gekomen en men economische problemen op een wetenschappelijke manier is beginnen analyseren? Dat zou betekenen – maar hierover kan worden gedebatteerd – dat we eigenlijk niet veel verder moeten teruggaan dan de tweede helft van de achttiende eeuw, met name naar de periode waarin Adam Smith, door velen beschouwd als de vader van de economische wetenschap, zijn boek *An Inquiry into the Nature and Causes of the Wealth of Nations* (1776) publiceerde.[2] Natuurlijk liet ook Adam Smith zich door anderen inspireren en het is wellicht interessant om te achterhalen door wie en hoe, maar economisten hoeven eigenlijk niet te weten hoe de vork precies aan de steel zit.

Het is, voor alle duidelijkheid, een stelling die ik niet deel en met mij zowat iedereen die met de geschiedenis van het economische denken bezig is. Er valt in principe geen grens te trekken. De afwezigheid van economische theorieën impliceert bijvoorbeeld niet dat mensen geen inzicht zouden kunnen verworven hebben in de manier waarop markten werken of wat de effecten zijn van monopolies. Het hoeft dan ook niet te verbazen dat een van de meest gezaghebbende auteurs in het vakgebied, de Oostenrijkse economist Joseph Schumpeter, in zijn monumentale *History of Economic Analysis* (1954) de chronologie liet beginnen bij de Grieken en Romeinen.[3] Wat voor ons van belang is, is dat hij onmiddellijk daarna ruim aandacht besteedde aan de scholastieken. Hij maakte daarbij een onderscheid tussen drie periodes: de aanvangsfase van de negende tot de twaalfde eeuw, die vanuit het standpunt van de economische wetenschap weinig opleverde; de 'klassieke' fase in de dertiende eeuw, met onder andere de twee dominicanen Albertus Magnus en Thomas van Aquino, die het werk van Aristoteles gebruikten als instrument om de filosofie en de theologie van hun tijd radicaal te vernieuwen en tot slot de 'rijpe' fase van de scholastieke leer, van de veertiende tot de zeventiende eeuw, gekenmerkt door heel wat nieuwe economische inzichten. Wat meer specifiek de zestiende eeuw betreft, zag Schumpeter drie auteurs als representatief voor de traditie van Rechtvaardigheid en Recht, die sterk door de leer van Thomas van Aquino was geïnspireerd en op dat moment het belangrijkste vehikel vormde voor de studie van economische problemen: de jezuïeten Lessius, Molina en de Lugo.

Schumpeter vermeldt weliswaar Lessius, maar gaat niet echt diep in op zijn bijdrage aan de wetenschap. Op zich zou je de vermelding door Schumpeter al een erkenning van zijn belang kunnen noemen – het is in elk geval een eer die niet veel 'Belgische' economisten te beurt is gevallen. Om de plaats van Lessius beter in te schatten moeten we te rade gaan bij de specialisten van het economische denken van de scholastieken. De geschiedenis van het economische denken van de middeleeuwen – en de scholastieken worden meestal gemakshalve bij de middeleeuwen gerangschikt, hoewel het duidelijk is dat de scholastieke doctrine ook na het einde van de middeleeuwen is blijven floreren – is een relatief kleine vijver in het niet erg grote domein van de geschiedenis van het economische denken. (Ik spreek hier voornamelijk over het aantal onderzoekers dat op die terreinen actief is.) Er zijn verscheidene goede overzichtswerken beschikbaar, en ook heel wat interessante detailstudies, maar het zou overdreven zijn om te zeggen dat de secundaire literatuur zodanige proporties heeft aangenomen dat het veld onoverzichtelijk is geworden.[4] Dat heeft ongetwijfeld veel te maken met het feit dat de primaire literatuur, de 'bronnen' voor de studie van de middeleeuwse en scholastieke economische inzichten, niet altijd goed toegankelijk zijn, al was het maar omwille van de taal en de stijl waarin ze geschreven zijn. Ik kan u verzekeren dat in de rangorde van competenties waarover een moderne economist moet beschikken de vaardigheid om Latijnse teksten te lezen in het niet verzinkt bij de bekwaamheid om wiskundige technieken te gebruiken.

Het moet worden gezegd dat in de kleine kring van specialisten van het scholastieke economische denken de appreciatie voor het werk van Lessius niet unaniem is. Lessius' *De Iustitia et Iure* wordt beschouwd als een van de vele laatscholastieke commentaren op Thomas van Aquino's *Summa Theologica*, een uitloper van de School van Salamanca in de Lage Landen, met een sterk juridische invalshoek.[5] Een van de meest lovende beoordelingen is gemaakt door de Australische econoom Barry Gordon, die de naam van Lessius vermeldde in de ondertitel van zijn boek over de wortels van het moderne economische denken: *Economic Analysis before Adam Smith. Hesiod to Lessius* (1975).[6] Hij beschouwde Lessius als iemand die niet alleen het gedachtegoed van zijn voorgangers tot in de puntjes beheerste en voortzette, maar tegelijk een eersterangs innoverend denker was. Voor Gordon was Lessius de persoon die de traditie van Thomas van Aquino en van de School van Salamanca verrijkte met nieuwe inzichten over de werking van markten, die Lessius verkreeg door zijn vertrouwdheid met de Antwerpse financiële en commerciële wereld, op dat moment wellicht de meest geavanceerde die er bestond. Wat Lessius tot een speerpunt van het laatscholastieke economische denken maakte, was volgens Gordon een geslaagde combinatie van wat we 'interne' en 'externe' factoren kunnen noemen: enerzijds Lessius' juridische en theologische eruditie, en anderzijds de aanwezigheid van de Antwerpse markt. Gordon vatte zijn visie als volgt samen:

> Door een perfecte beheersing van het werk van vroegere scholastieke autoriteiten te combineren met een tot dan toe nooit gezien begrip van marktverschijnselen, leverde Lessius verfrissende inzichten die de traditionele economische doctrine op gezaghebbende wijze uitdaagden.[7]

Het argument dat de nabijheid van de Antwerpse markt van cruciaal belang was voor het denken van Lessius vinden we overigens ook terug bij Schumpeter en anderen.[8]

Lessius' bijdrage aan het interestverbod

Voor Gordon, maar ook voor oudere auteurs als Bernard Dempsey en John T. Noonan, lag de originaliteit van Lessius in zijn benadering van het interestverbod.[9] Sinds het begin van de middeleeuwen verbood de katholieke leer het vragen van interest bij het lenen van geld (*mutuum*). De algemene regel was dat het hier ging om een onnatuurlijke en onrechtvaardige praktijk. De positie van Thomas van Aquino, bijvoorbeeld, luidde dat geld in wezen een consumeerbaar goed is, zoals brood of wijn, dat vernietigd wordt bij gebruik. Van zulk een goed kun je alleen het ding zelf verkopen; van een niet-consumeerbaar goed, daarentegen, kun je zowel het ding zelf als het gebruik ervan verkopen. Een huis, bijvoorbeeld, kun je verkopen zoals je een brood of een fles wijn verkoopt, maar je kunt ook het gebruik ervan verkopen, dit wil zeggen het huis verhuren en er huur voor vragen, terwijl dat voor brood of wijn niet kan. Welnu, als geld een consumeerbaar goed is, dan mag iemand die

brief van pater L. De Molina uit Cuenca aan Lessius in Leuven over de uitgave van zijn werken, 1592

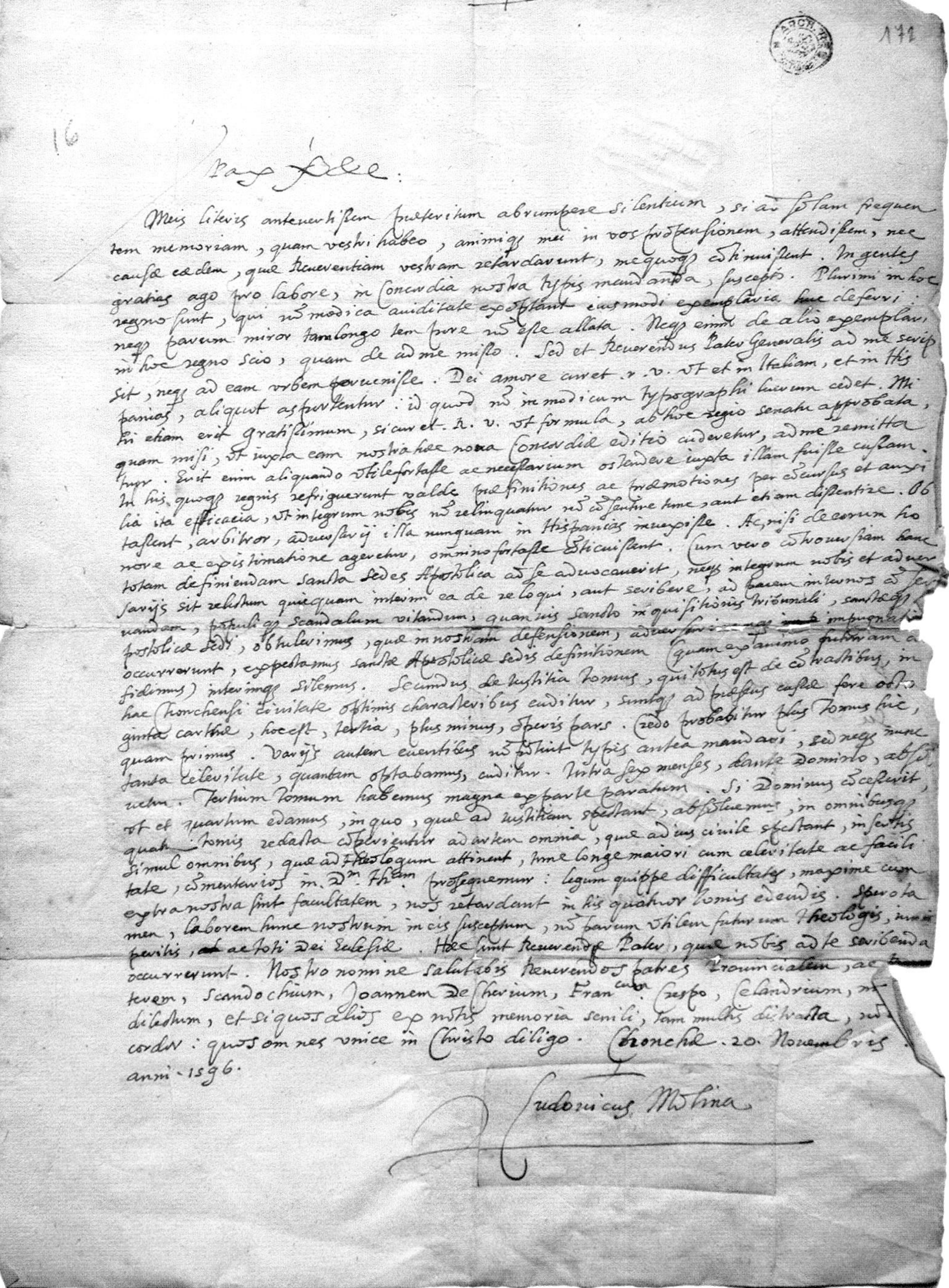

Pax Xpi.

Meis literis antevertissem praeteritum abrumpere silentium, si ad [illegible] frequen
tem memoriam, quam vestri habeo, animique mei in vos propensionem, attendissem, nec
causae eadem, quae Reverentiam vestram retardarunt, meque quoque detinuissent. Ingentes
gratias ago pro labore, in Concordia nostra typis mandanda, suscepto. Plurimi in hoc
regno sunt, qui non modica aviditate expectant eiusmodi exemplaria huc deferri;
neque parum miror tam longo tempore non esse allata. Neque enim de alio exemplari
in hoc regno scio, quam de ad me misso. Sed et Reverendus Pater Generalis ad me scrip
sit, neque ad eam urbem pervenisse. Dei amore curet R. V. ut et in Italiam, et in His
panias, aliquot asportentur: id quod non inmodicum typographi lucrum cedet. Mi
hi etiam erit gratissimum, si curet R. V. ut formula, ab hoc regio senatu approbata,
quam misi, ut iuxta eam nostra haec nova Concordiae editio cuderetur, ad me remitta
tur. Erit enim aliquando utile fortasse ac necessarium ostendere iuxta illam fuisse cusam.
In his quoque regnis refrigerunt valde praefinitiones ac praemotiones per [illegible] et [illegible]
lia ita efficacia, ut integrum nobis non relinquatur non consentire tunc, aut etiam dissentire. Ob
[illegible], arbitror, adversarij illa nunquam in Hispanias invexisse. Ac, nisi de eorum ho
nore ac existimatione ageretur, omnino fortasse reticuissent. Cum vero controversiam hanc
totam definiendam Sancta Sedes Apostolica ad se advocaverit, neque integrum nobis et adver
sarijs sit relictum quicquam interim ea de re loqui, aut scribere, ad pacem inter nos con ser
vandam, populique scandalum vitandum, quamvis Sancto inquisitionis tribunali, Sanctaeque A
postolicae sedi, obtulerimus, quae in nostram defensionem, adversariorum [illegible] impugna
tionem occurrerunt, expectamus Sanctae Apostolicae sedis definitionem (quam [illegible] futuram con
fidimus) interimque silemus. Secundus de Iustitia tomus, qui totus est de contractibus, in
hac Conchensi civitate optimis characteribus cuditur, sumptusque ad [illegible] fere octo
ginta carthae, hoc est, tertia, plus minus, operis pars. Credo probabiliter plus tomus hic,
quam primus. Varijs autem eventibus non potuit typis antea mandari, sed neque nunc
tanta celeritate, quantam optabamus, cuditur. Intra sex menses, dante Domino, absol
vetur. Tertium tomum habemus magna ex parte paratum. Si Dominus concesserit,
ut et quartum edamus, in quo, quae ad iustitiam spectant, absolvemus, in omnibusque
quatuor tomis redacta conscribentur ad artem omnia, quae ad ius civile spectant, in sextis
simul omnibus, quae ad theologum attinent, tunc longe maiori cum celeritate ac facili
tate, commentarios in D. Thom. prosequemur: legum quippe difficultates, maxime cum
extra nostram sint facultatem, nos retardant in his quatuor tomis edendis. Spero ta
men, laborem hunc nostrum in eis susceptum, non parum utilem futurum theologis, iuris
peritis, ac toti Dei Ecclesiae. Haec sunt Reverende Pater, quae nobis ad te scribenda
occurrerunt. Nostro nomine salutabis Reverendos patres Provincialem, ac [illegible]
terum, Scandochium, Joannem Deckerium, Franciscum Crespo, Celandrium, [illegible]
dilectum, et siquos alios ex nostris memoria senili, tam multis distracta, non re
cordor: quos omnes unice in Christo diligo. Conchae 20. Novembris
anni 1596.

Ludovicus Molina

geld uitleent geen aparte vergoeding vragen voor het gebruik van het geld. Als dat toch gebeurt – door interest te vragen – dan verkoopt die persoon iets wat niet bestaat en begaat dus een misdrijf.

In de strikte houding van Thomas van Aquino hoort men de echo van de aristoteliaanse opvatting dat geld in essentie een ruilmiddel is, een onvruchtbaar medium.[10] Men zou het interestverbod ook kunnen beschouwen als een bescherming tegen misbruiken en uitbuiting in die gevallen waar mensen zich uit pure noodzaak wenden tot diegenen die geld op overschot hebben. Maar het is niet zo dat de scholastieken in alle omstandigheden het vragen van interest verboden. Naarmate handel en nijverheid zich verder ontwikkelden, groeide het besef dat er omstandigheden waren waarin interest legitiem was. Die omstandigheden vormden het voorwerp van de scholastieke literatuur over de zogenaamde extrinsieke titels, de rechtsgronden die het vragen van interest konden verantwoorden. Hierbij werd vernuftig omgesprongen met gesofisticeerde juridische principes en op spitsvondige wijze de grenzen van het toelaatbare afgetast en langzamerhand verlegd.

Aan het einde van de zestiende en het begin van de zeventiende eeuw, de tijd waarin Lessius actief was, werden twee rechtsgronden in mindere of meerdere mate aanvaard.[11] De eerste was die van de *damnum emergens*: geleden schade mag worden vergoed. Iemand die geld uitleent en daardoor schade ondervindt (bijvoorbeeld omdat zijn huis afbrandt en hij genoodzaakt is om in alle haast bezittingen te verkopen om aan geld te geraken), mag die schade verhalen op diegene die zijn geld geleend heeft. De tweede was die van de *lucrum cessans*: ontlopen winst mag worden vergoed. Iemand die geld uitleent, verzaakt aan de mogelijkheid om met zijn geld winst te realiseren, bijvoorbeeld door te investeren; die gemiste winst mag worden gecompenseerd door interest te vragen. Deze rechtsgrond erkent dat krediet een hefboom is voor investeringen en dat de waarde van het geld, zoals die tot uiting komt in de interest die men ervoor betaalt, mede bepaald wordt door wat economen vandaag het principe van de alternatieve kosten (of opportuniteitskosten) noemen. Er werd ook gedebatteerd over een derde rechtsgrond, die van de *periculum sortis*: risico voor het kapitaal mag worden vergoed. Iemand die geld uitleent, staat aan onzekerheid bloot: het kan altijd gebeuren dat hij te maken krijgt met een insolvabele tegenpartij en dus zijn uitgeleend kapitaal geheel of gedeeltelijk verliest. Dat risico zou dan mogen worden vergoed met interest.

De specifieke bijdrage van Lessius is dat hij ruimte heeft gemaakt voor een bijkomende rechtsgrond: de *carentia pecuniae*, letterlijk 'gebrek aan geld'.[12] Daarmee verwees hij naar geld in de betekenis van 'liquide middelen' of in het moderne jargon van economisten: 'liquiditeiten'; dit wil zeggen direct beschikbare betaalmiddelen. Iemand die geld uitleent, offert nu liquide middelen op ('vermindert zijn liquiditeitspositie', zouden economisten zeggen), maar verwerft het recht om later opnieuw over het geld te beschikken. Hij ruilt met andere woorden aanwezig geld (*pecunia presens*) tegen afwezig geld (*pecunia absens*). Aangezien mensen een som geld die vandaag aanwezig is doorgaans hoger waarderen dan eenzelfde som geld die pas in de toekomst beschikbaar zal zijn ('ze hebben een voorkeur voor liquiditeiten' of 'ze hebben een positieve tijdspreferentie', zeggen economisten), zijn diegenen die geld lenen aan anderen geneigd om interest te vragen ter compensatie van het offer dat ze op die manier maken. Dat was in elk geval hoe Lessius de gangbare praktijken op de Antwerpse financiële markten interpreteerde en hij vroeg zich af of hierin een geldige grond kon worden gevonden voor de betaling van interest. Hij ging zeker niet zover dat hij de *carentia pecuniae* titel algemeen toepasbaar achtte, maar uit zijn geschriften blijkt wel dat hij bereid was om de aanvaardbaarheid in de Antwerpse context te onderzoeken.

Mocht de bijdrage van Lessius enkel van tel zijn geweest in het kader van de discussies over het interestverbod, dan zou er door economisten waarschijnlijk niet veel aandacht aan zijn besteed. Maar als er meer zou zijn, als Lessius zijn tijd ver vooruit zou zijn geweest en lang voor anderen cruciale inzichten zou hebben verworven in de werking van financiële markten, dan liggen de kaarten anders. Ik beperk me hier tot twee voorbeelden van mogelijke anticipatie van ideeën van belangrijke economisten. Velen hebben de analogie benadrukt tussen de redenering van Lessius in verband met 'gebrek aan geld' en de opvatting van John Maynard Keynes over de invloed van liquiditeitspreferentie op de hoogte van de interestvoet. Gordon heeft geprobeerd aan te tonen dat Lessius' concept van het verlies van liquiditeit equivalent is met een van de vergelijkingen over de geldmarkt in het algemene evenwichtssysteem van Léon Walras. Of dergelijke voorbeelden volstaan om van Lessius een laatmiddeleeuwse Samuelson te maken – de uitdrukking is afkomstig van Robert Beutels[13] – laat ik hier in het midden.

Lessius en de juiste prijs

Lessius hield zich ook bezig met de werking van markten in het algemeen. Een veel bediscussieerde vraag in de scholastieke literatuur was die van de bepaling van de 'juiste prijs'. Dit is de definitie die Lessius hanteerde:

> De *gerechte prijs* (*iustum pretium*) is ofwel de prijs die de overheid heeft vastgelegd met het oog op het algemeen belang, ofwel de prijs die bepaald is door de gemeenschappelijke waardering van personen.[14]

Deze definitie sluit aan bij een wijdverbreide opvatting onder de laatscholastieken. Twee soorten prijzen komen hier in beeld: de wettelijke prijs (*pretium legitimum*), die door de overheid wordt vastgelegd, en de algemene of natuurlijke prijs (*pretium vulgare* of *naturale*), die door de markt wordt bepaald. De scholastieke traditie ging ervan uit dat de wettelijke prijs voorrang heeft op de marktprijs, maar Lessius was van oordeel dat er zich situaties konden voordoen waarin de marktprijs 'juister' was dan de wettelijke prijs. Hij onderzocht ook welke factoren de marktprijs bepalen – met aandacht voor zowel de aanbodzijde als de vraagzijde, om hedendaagse termen te gebruiken – en wat de invloed is van monopolies. Telkens geeft zijn analyse blijk van zin voor nuances en subtiele onderscheidingen. Hoewel de scholastieken veeleer geneigd waren om prijsvorming door monopolies te veroordelen, kwam Lessius tot de conclusie dat er ook situaties kunnen bestaan waarin monopolies wel terecht zijn, bijvoorbeeld wanneer de bevoorrading van de markt anders in het gedrang zou komen.

Raymond De Roover

Dit brengt mij tot mijn volgende punt. Een van de specialisten van het scholastieke economische denken die zich veeleer op de vlakte hield wat betreft de originaliteit van Lessius' economische werk is de Belgisch-Amerikaanse economist-historicus Raymond De Roover. In een lemma over 'antiek en middeleeuws economisch denken' voor de *International Encyclopedia of the Social Sciences* schreef hij:

> Een Belgische jezuïet, Leonardus Lessius (1554-1623), heeft twee kleinere bijdragen geleverd: de goedkeuring van monopolies met gecontroleerde prijzen ten bate van het gemeenschappelijk goed en het geven van een nauwgezette beschrijving van de Antwerpse geldmarkt, waarbij hij impliciet de aanwezigheid erkende van interest verborgen in wisselkoersen.[15]

Ik neem de vrijheid om even een kleine zijsprong te maken en het wat uitgebreider te hebben over deze merkwaardige figuur, die weliswaar geen jezuïet was maar zijn opleiding heeft genoten aan de *Ecole de Commerce Saint-Ignace*, de voorloper van de Universitaire Faculteiten Sint-Ignatius Antwerpen.

Raymond De Roover, geboren op 28 augustus 1904 in een Antwerps koopmansgezin, studeerde er in 1924 af als licentiaat in de handels- en financiële wetenschappen.[16] Hij ging als boekhouder aan de slag, achtereenvolgens bij de *Disconto Bank van Antwerpen*, de *Dienst van het Sekwester* en de *Agence Maritime Internationale*. Maar het bloed kruipt waar het niet gaan kan; De Roover begon zich te interesseren voor de geschiedenis van het boekhouden en ongetwijfeld met iets meer vastberadenheid en talent dan de gemiddelde amateur-historicus spendeerde hij zijn vrije tijd in de archieven en bibliotheken van zijn thuisstad. In 1928 publiceerde hij het eerste resultaat van die arbeid: een studie over de Antwerpse schoolmeester Jan Ympijn Christoffels, die in de zestiende eeuw als eerste in het Nederlandse taalgebied een handleiding had geschreven over de techniek van het dubbelboekhouden.[17] Op zoek naar nog ouder materiaal over boekhoudkundige technieken in de Nederlanden kwam hij in 1929 terecht in het stadsarchief van Brugge, waar men de boekhouding van twee gefailleerde wisselagenten van de veertiende eeuw bewaarde. Op relatief korte tijd vond hij zijn weg in de moeilijk leesbare bronnen en in de jaren '30 publiceerde hij er verscheidene artikels over.

Zijn onderzoek in Brugge leidde er ook toe dat hij in 1935, op aangeven van de historicus Henri Pirenne, kennis maakte met een Amerikaanse onderzoekster, Florence Edler, die net een boek had gepubliceerd over middeleeuwse Italiaanse handelstermen. Blijkbaar was er meer tussen hen beide dan een gedeelde belangstelling voor de droge cijfers van de middeleeuwse economische geschiedenis, want in 1936 kwam het tot een huwelijk. Het was op dat moment duidelijk dat Raymond De Roover in de wieg gelegd was voor een academische carrière, maar die leek in België moeilijk te verwezenlijken. Hij zegde zijn baan als accountant op en vertrok met zijn vrouw naar de Verenigde Staten, waar hij opnieuw ging studeren. Hij behaalde in 1938 een *Master of Business Administration* aan de *Harvard Business School*, en in 1943 een *PhD in Economics* aan de *University of Chicago*. Hij verwierf de Amerikaanse nationaliteit en bouwde een academische loopbaan uit die hem onder andere bracht naar het *Wells College* in New York en het *Boston College* in Massachusetts. Hij beëindigde zijn loopbaan als professor in de geschiedenis aan het *Brooklyn College* van de *City University New York*. Hij overleed vrij onverwacht op 18 maart 1972 in Brooklyn, New York.

De Roover was, en is, een grote naam in de discipline 'economische geschiedenis'. Ik stip hier terloops aan dat dit vakgebied, dat zich bezighoudt met de feitelijke geschiedenis, niet hetzelfde is als de 'geschiedenis van het economische denken', die zich vooral toelegt op het in kaart brengen van de evolutie in doctrines en theorieën. Zijn initiële onderzoek over vroege boekhoudkundige technieken is slechts een opstapje gebleken naar veel breder onderzoek op het gebied van de laatmiddeleeuwse bedrijfs- en bankgeschiedenis. De Roover heeft verscheidene studies gepubliceerd die als baanbrekend en gezaghebbend worden beschouwd, wat niet wegneemt dat sommige van zijn conclusies vandaag in vraag worden gesteld. Twee boeken verdienen hierbij speciale vermelding.[18] Zijn proefschrift over de Brugse financiële sector in de middeleeuwen werkte hij uit tot het in 1948 verschenen *Money, Banking and Credit in Mediaeval Bruges*, waarin hij onder andere een typologie van financiële agenten suggereerde. In datzelfde jaar publiceerde hij ook een omvangrijke studie over een van de belangrijkste banken van de late

Buste van Leonardus Lessius door Jeroen Humbeeck.

middeleeuwen: *The Medici Bank. Its Organization, Management, Operations and Decline*. Twee jaren later echter ontdekte zijn vrouw, in de archieven van Florence, een aantal documenten die een geheel nieuw licht wierpen op de geschiedenis van de bank van de Medici's. Dat verplichtte De Roover tot het volledig herzien van zijn vroegere werk over die bank. Pas in 1963 beëindigde hij dat werk met de publicatie van *The Rise and Decline of the Medici Bank, 1397-1494*.

Vooral in de latere fase van zijn leven is De Roover zich meer gaan bezighouden met de geschiedenis van het economische denken, en ook op dat vlak heeft hij belangrijke bijdragen geleverd.[19] Zijn aandacht ging daarbij uit naar de opvattingen van de laatscholastieken en de mercantilisten. Tot zijn belangrijkste bijdragen behoren twee lange artikels in een van de meest prestigieuze vaktijdschriften van de economische wetenschap, de *Quarterly Journal of Economics:* één over monopolietheorie vóór Adam Smith (uit 1951) en een ander over de standpunten en de invloed van de scholastieke economie van de zestiende tot de achttiende eeuw (uit 1955) alsook een artikel over het concept van de juiste prijs in de *Journal of Economic History* (uit 1958). Ik vermeldde al eerder het lemma over het antieke en middeleeuwse economische denken in de gereputeerde *International Encyclopedia of the Social Sciences* (uit 1968). Wat ons onderwerp betreft, is er bovendien zijn artikel over Lessius als economist in de *Mededelingen van de Koninklijke Vlaamse Academie voor Wetenschappen, Letteren en Schone Kunsten van België, Klasse der Letteren* (uit 1969), waarvan hij een buitenlands lid was.[20] De Roover was met andere woorden zeer goed vertrouwd met het werk van Lessius en zijn tijdgenoten – hij had zelfs een eigen exemplaar van Lessius' belangrijkste boek *De Iustitia et Iure* – en werd beschouwd als een gezaghebbende stem in het debat over de economische opvattingen van de scholastieken.

De interpretatie van De Roover

Ik zou hier graag kort willen ingaan op de interpretatie die De Roover heeft gegeven van het werk van de laatscholastieken in het algemeen, en van dat van Lessius in het bijzonder. Hij verdedigde de stelling dat de in zijn tijd gangbare visie op de geschiedenis van het economische denken, die nauwelijks of geen aandacht besteedde aan de bijdragen van de scholastieken, dringend moest worden bijgesteld. De Roover verzette zich tegen wat hij beschouwde als al te oppervlakkige analyses. Hij probeerde in plaats daarvan aan te tonen – en ik denk met succes – dat de scholastieken meer inzicht hadden in de werking van markt en monopolies dan tot dan toe werd gedacht, en – misschien minder overtuigend – dat hun invloed op het economische denken voelbaar was tot aan het einde van de achttiende en het begin van de negentiende eeuw, dit wil zeggen de periode van het ontstaan van de economische wetenschap. Zo was hij met Schumpeter van oordeel dat Adam Smith, door velen aanzien als de 'vader van de economische wetenschap', eigenlijk veel meer door de scholastieken was beïnvloed dan door de mercantilisten, tegen wie Smith uitermate heftig tekeer ging in de *Wealth of Nations*. Kortom, De Roover vond dat de moderne economische wetenschap meer schatplichtig was aan de scholastieken dan algemeen werd erkend.

Zoals gezegd, trachtte De Roover aan te tonen dat de scholastieke auteurs heel wat relevante dingen te vertellen hadden over prijsvorming op markten en over monopolies. Hij betoogde dat ze wisten dat er competitie nodig is om te komen tot een correcte marktprijs, dat ze begrepen dat de waarde van goederen in grote mate bepaald wordt door de nuttigheid van die goederen, dat ze monopolies veroordeelden omdat die doorgaans de belangen van de kopers schaden. Door die aspecten in de verf te zetten heeft De Roover zeker bijgedragen tot het creëren van een beeld van de scholastieke economie dat beter aansluit bij de moderne economische wetenschap.

Maar De Roover vond niet dat het werk dat de scholastieken hebben geleverd op het gebied van het interestverbod op hetzelfde niveau stond. Het volgende citaat laat aan duidelijkheid weinig te wensen over:

> De grote zwakheid van de scholastieke economie was de doctrine over woeker. Het canonieke recht, dat dateerde van het begin van de middeleeuwen toen de meeste leningen werden afgesloten voor doeleinden van consumptie, definieerde woeker als elke toeslag die gevraagd werd bovenop de hoofdsom van een lening. Omdat die

> definitie behoorde tot het katholieke dogma, konden de scholastieken er niets aan veranderen. Naarmate de tijd vorderde, bracht de definitie de scholastieken in groeiende mate in verlegenheid. Met handen en voeten gebonden aan de definitie, werden de Doctoren dieper en dieper in een moeras van tegenstellingen gezogen.[21]

Die negatieve beoordeling van een belangrijk deel van de scholastieke leer verklaart, denk ik, grotendeels de wat gereserveerde appreciatie van het werk van Lessius door De Roover. De Roover verzette zich bovendien ook tegen oudere interpretaties van Lessius die hij als volkomen voorbijgestreefd zag. Hij viseerde hiermee vooral de Leuvense historicus Victor Brants, die Lessius in 1912 presenteerde als een voorloper van de sociale leer van de katholieke kerk zoals die geformuleerd werd in de encycliek *Rerum Novarum*.[22]

Ethiek en economie

Kenmerkend voor de scholastieken was dat zij economische problemen vanuit een ethisch en juridisch standpunt bekeken. Dat betekent dat zij economische problemen – dit wil zeggen wat wij vandaag als typisch economische problemen zouden beschouwen – analyseerden onder de vorm van contracten en hun ethische implicaties (denk aan de titel van Lessius' boek: *De Iustitia et Iure*). Een typisch voorbeeld van het soort van vragen waar de scholastieken zich over bogen was of een wisselovereenkomst niet een dekmantel kon zijn voor het betalen van interest. En als dat zo was, of die praktijk geoorloofd was of niet. In de moderne economische wetenschap houdt men zich ook bezig met contracten. De 'contracttheorie' is een van de meest in het oog springende deelgebieden van de moderne economie, zij het dat die tak zich niet zozeer buigt over de ethische aspecten van contracten maar wel over de manier waarop contractuele overeenkomsten een antwoord kunnen bieden op de problemen die voorkomen bij asymmetrische informatie, dit wil zeggen in situaties waar de betrokken partijen niet over dezelfde informatie beschikken.[23] Dat soort situaties was de scholastieken niet onbekend, zoals blijkt uit het geval van de koopman van Rhodos, de door Cicero aangereikte en door vele scholastieke auteurs becommentarieerde casus van een handelaar die voor de keuze staat of hij gebruik zal maken of niet van geprivilegieerde informatie waarover alleen hij beschikt. Wim Decock heeft recent geanalyseerd hoe Lessius tegen dit probleem aankeek.[24] Lessius formuleerde het probleem als volgt:

> Mag ik een bepaald goed tegen de gangbare prijs verkopen, indien ik weet dat de prijs van dat goed weldra zal dalen? Stel bijvoorbeeld dat ik via briefwisseling vernomen heb dat een grote hoeveelheid

goederen van elders wordt aangevoerd of dat ik weet dat een bepaalde hoeveelheid goederen, die tot nog toe is achtergehouden, binnenkort zal worden vrijgegeven. Mag ik deze informatie verbergen en mijn waren tegen de gangbare prijs verkopen?[25]

Ik laat het genuanceerde antwoord van Lessius hier buiten beschouwing. Wat ik wel wil doen, is aanstippen dat voor hedendaagse economisten de vraag of het ethisch geoorloofd is om gebruik te maken van dat soort informatie zich niet of nauwelijks zou stellen, zolang het gaat om handelingen die binnen de wet blijven. Economisten nemen aan dat als het voor de handelaar voordeliger is gebruik te maken van die informatie in plaats van dat niet te doen, hij die informatie ook effectief zal gebruiken. Economische agenten worden immers verondersteld hun nut te maximeren of beter gezegd hun preferenties zo goed mogelijk te bevredigen, gegeven de situatie waarin ze zich bevinden. Hoewel in principe de mogelijkheid wordt opengelaten dat die preferenties volkomen altruïstisch zouden zijn (wat zou betekenen dat de handelaar in de eerste plaats aan de belangen van zijn klanten denkt – wellicht een heroische veronderstelling), wordt meestal aangenomen dat economische agenten zelfzuchtig zijn (en dus in de eerste plaats aan hun eigenbelang denken). Ik moet hier voor de volledigheid aan toevoegen dat niet alle economisten ervan uitgaan dat dit in alle omstandigheden de meest aangewezen manier is om economische problemen te analyseren. Er wordt, ook door economisten, heel wat werk verricht naar het verband tussen ethiek en economie, dat onder andere het nogal eenzijdige en karikaturale mensbeeld van de immer naar maximale voldoening strevende *homo economicus* in vraag stelt.[26] En terecht.

In de tijd van Lessius kwam de spanning tussen een expliciet normatieve benadering, zoals die van de scholastieken, en een meer onthechte (of zoals sommige economisten zouden zeggen, positieve) benadering van economische problemen aan de oppervlakte. Diegenen die we vandaag de 'mercantilisten' noemen, waren een heterogene verzameling van auteurs die afstand namen van de traditie van de scholastieken en vanaf de zestiende eeuw met succes praktische voorstellen voor het economische beleid begonnen te formuleren. Het belang van de staat kwam daarbij centraal te staan, of diende in elk geval als dekmantel, want in vele gevallen waren hun geschriften ook, misschien zelfs op de eerste plaats, een verdediging van private monopolies en mercantiele privileges. Een voorbeeld van het radicaal andere perspectief dat werd aangeboord door de mercantilisten is het boek *England's Treasure by Forraign Trade* van Thomas Mun (gepubliceerd in 1664, maar geschreven rond 1630, dus niet veel later dan Lessius).[27] In de openingszinnen van zijn boek verwijst Mun weliswaar nog kort naar de waarde van godvrezendheid, maar dan gaat hij onmiddellijk over tot wat hem echt interesseert: geld, rijkdom en handel drijven, met het oog op het genereren van een overschot op de handelsbalans. Wat telt is het verhogen van de welvaart door buitenlandse handel: hoe verkopen we meer aan de buitenlanders dan wij van hen consumeren? Geen gedoe met gesofisticeerde ethische of theologische overwegingen, maar praktische aanbevelingen over hoe als winnaar te voorschijn te komen uit het harde spel van de internationale handel.

Conclusie

In de geschiedenis van het economische denken wordt wel degelijk aandacht besteed aan de scholastieke literatuur. De bijdrage van Lessius aan die geschiedenis wordt door niemand in twijfel getrokken, maar niet door iedereen even belangrijk geacht. De manier waarop de scholastieken, en dus ook Lessius, aankeken tegen economische problemen staat ver af van de huidige gang van zaken in de economische wetenschap, maar dat wil niet zeggen dat ethische overwegingen helemaal verdwenen zijn uit de moderne economie.

Kunnen we vandaag nog iets leren uit de lectuur van Lessius en andere, soms bijna vergeten auteurs uit een ver verleden? Of gaat het hier om absurde opvattingen en dwaze theorieën, zoals het citaat van Keynes aan het begin van deze bijdrage leek te suggereren? Ik moet toegeven dat ik niet helemaal open kaart heb gespeeld. Toen Keynes zei opgeleid te zijn met dat soort negatieve ideeën over de scholastieken, voegde hij er onmiddellijk aan toe: 'Maar nu lees ik die discussies als een eerlijke intellectuele inspanning (...).'[28] Daarmee erkende hij dat denkers uit het verleden, zoals de scholastieken en de mercantilisten, ondanks het ontbreken van een coherent economisch denkkader, in staat bleken om inzicht te verwerven in sommige aspecten van de werking van het economische systeem. Ik zou graag willen beamen dat interessante en originele inzichten soms worden gevonden op plaatsen waar men ze het minst verwacht.

1. John Maynard Keynes, *The General Theory of Employment, Interest and Money*, The Collected Writings of John Maynard Keynes, Vol. VII, London: Macmillan, 1973 [1936], p. 351; mijn vertaling.
2. Adam Smith, *An Inquiry into the Nature and Causes of the Wealth of Nations*, The Glasgow Edition of the Works and Correspondence of Adam Smith, Vol. II, Oxford: Oxford University Press, 1976 [1776].
3. Joseph Schumpeter, *History of Economic Analysis*, London: Allen & Unwin, 1954: Deel II, Hoofdstuk 1 ('Graeco-Roman Economics') en Hoofdstuk 2 ('The Scholastic Doctors and the Philosophers of Natural Law').
4. Ik verwijs hier in het bijzonder naar de indrukwekkende reeks overzichtswerken van Odd Langholm: *Price and Value in the Aristotelian Tradition*, Oxford: Oxford University Press, 1979; *Wealth and Money in the Aristotelian Tradition: A Study in Scholastic Economic Sources*, Bergen: Universitetsforlaget, 1983; *The Aristotelian Analysis of Usury*, Bergen: Universitetsforlaget, 1984; *Economics in the Medieval Schools: Wealth, Exchange, Value, Money and Usury According to the Paris Theological Tradition, 1200–1350*, Leiden: E.J. Brill, 1992; *The Legacy of Scholasticism in Economic Thought*, Cambridge: Cambridge University Press, 1998.

5. Over de School van Salamanca, zie het werk van Marjorie Grice-Hutchinson, *Economic Thought in Spain. Selected Essays of Marjorie Grice-Hutchinson*, Aldershot: Edward Elgar, 1993.
6. Barry Gordon, *Economic Analysis Before Adam Smith. Hesiod to Lessius*, London: Macmillan 1975, meer bepaald Hoofdstuk 9 ('Venerable Leonard Lessius').
7. O.c., p. 246; mijn vertaling.
8. Zie bijvoorbeeld de recente bijdrage van Bertram Schefold, 'Leonardus Lessius: Von der praktischen Tugend der Gerechtigkeit zur Wirtschaftstheorie', in: *Bertram Schefold, Beiträge zur Ökonomischen Dogmengeschichte*, Düsseldorf: Verlag Wirtschaft und Finanzen, 2004, pp. 127-157.
9. Zie Bernard Dempsey, *Interest and Usury*, London: Dennis Dobson, 1948, en John T. Noonan, *The Scholastic Analysis of Usury*, Cambridge: Harvard University Press, 1957.
10. Over geld, ruil en interest bij Aristoteles, zie Toon Vandevelde, 'Het interestverbod bij Aristoteles', in: Luc Bouckaert (red.), *Intrest en Cultuur. Een Ethiek van het Geld*, Leuven: Acco, 1994, pp. 37-58.
11. Een prima overzicht van de verschillende posities is te vinden bij Toon Van Houdt, 'Geld, tijd en arbeid. Lessius en het vroegmoderne intrest-debat', in: Luc Bouckaert (red.), *Intrest en Cultuur. Een Ethiek van het Geld*, Leuven: Acco, 1994, pp. 99-123.
12. Voor een analyse en Nederlandse vertaling van het relevante hoofdstuk uit Lessius' *De Iustitia et Iure*, zie Toon Van Houdt, *Leonardus Lessius over Lening, Intrest en Woeker: De Justitia et Jure*, Lib. 2, Cap. 20. Editie, Vertaling en Commentaar, Verhandelingen van de Koninklijke Academie voor Wetenschappen, Letteren en Schone Kunsten van België: Klasse der Letteren, Vol. 162, Brussel: Paleis der Academiën, 1998.
13. Robert Beutels, *Leonardus Lessius (1554-1623). Portret van een Zuidnederlandse Laat-scholastieke Econoom*, Wommelgem: Den Gulden Engel, 1987, p. 115.
14. Lessius, *De Iustitia et Iure* (2, 21, 2, 7), volgens de vertaling van Wim Decock, *De Homo Economicus Ontketend in Lessius' Denken over Macht en Prijs? Editie, Vertaling en Studie van Leonardus Lessius, De Iustitia et Iure 2.21 (De Emptione et Venditione)*, Leuven: K.U.Leuven, Faculteit Letteren, Departement Klassieke Studies, Licentiaatsthesis, 2005, p. 155.
15. Raymond De Roover, 'Economic Thought, Ancient and Mediaeval', in: *International Encyclopedia of the Social Sciences*, Edited by David L. Sills, New York: Macmillan & The Free Press, Vol. IV, 1968, p. 435; mijn vertaling.
16. Over leven en werk van De Roover, zie: Erik Aerts, 'Middeleeuwse bankgeschiedenis volgens Professor Raymond de Roover', *Bijdragen tot de Geschiedenis*, Vol. 63(1-4), 1980, pp. 49-86; Thomas Blomquist, 'De Roover on Business, Banking, and Economic Thought', *Journal of Economic History*, Vol. 35(4), 1975, pp. 821-830; H.L.V. De Groote, 'Belangstellenden in de geschiedenis van het boekhouden te Antwerpen tijdens de negentiende en twintigste eeuwen', *Bijdragen tot de Geschiedenis*, Vol. 52(3-4), 1969, pp. 212-235 en 'In memoriam Prof. Dr. Raymond de Roover', *Bijdragen tot de Geschiedenis*, Vol. 56(3-4), 1973, pp. 311-314; David Herlihy, 'Raymond de Roover: Historian of Mmercantile Capitalism', *Journal of European Economic History*, Vol. 1(3), 1972, pp. 755-762; Julius Kirshner, 'Raymond de Roover on Scholastic Economic Thought', in: *Business, Banking and Economic Thought in Late Medieval and Early Modern Europe. Selected Studies of Raymond de Roover*, edited by Julius Kirshner, Chicago: University of Chicago Press, 1974, pp. 15-36; en J.A. Van Houtte, 'In memoriam Prof. Raymond de Roover', *Jaarboek. Koninklijke Academie voor Wetenschappen, Letteren en Schone Kunsten van België*, Vol. 34, 1972, pp. 368-377.
17. Raymond De Roover, *Jan Ympyn. Essai historique et technique sur le premier traité flamand de comptabilité (1543)*, Antwerpen: Veritas, 1928.
18. Raymond De Roover, *Money, Banking and Credit in Mediaeval Bruges. Italian Merchant-Bankers, Lombards and Money-Changers*, Cambridge: The Mediaeval Academy of America, 1948; *The Medici Bank. Its Organization, Management, Operations and Decline*, New York: New York University Press, 1948; en *The Rise and Decline of the Medici Bank*, 1397-1494, Cambridge: Harvard University Press, 1963.
19. Zie Raymond De Roover, 'Monopoly Theory Prior to Adam Smith', *Quarterly Journal of Economics*, Vol. 65(4), 1951, pp. 492-524; 'Scholastic Economics: Survival and Lasting Influence from the Sixteenth Century to Adam Smith', *Quarterly Journal of Economics*, Vol. 69(2), 1955, pp. 161-190; en 'The Concept of the Just Price: Theory and Economic Policy', *Journal of Economic History*, Vol. 18(4), 1958, pp. 418-434.
20. Zie Raymond De Roover, 'Leonardus Lessius als economist: de economische leerstellingen van de latere scholastiek in de Zuidelijke Nederlanden', *Mededelingen van de Koninklijke Vlaamse Academie voor Wetenschappen, Letteren en Schone Kunsten van België: Klasse der Letteren*, Vol. 31(1), 1969, pp. 3-15. Over de bijdrage van De Roover aan de Koninklijke Academie, cf. J.A. Van Houtte, o.c., 1972.
21. Raymond De Roover, 'Scholastic Economics: Survival and Lasting Influence from the Sixteenth Century to Adam Smith', *Quarterly Journal of Economics*, Vol. 69(2), 1955, p. 173; mijn vertaling.
22. Victor Brants, 'L'économie politique et sociale dans les écrits de L. Lessius (1554-1623)', *Revue d'Histoire Ecclésiastique*, Vol. 13, 1912, pp. 73-89, 302-318.
23. Zie bijvoorbeeld Patrick Bolton, *Contract Theory*, Cambridge: MIT Press, 2005.
24. Zie Wim Decock, o.c., 2005.
25. Lessius, *De Iustitia et Iure (2, 21, 5, 38)*, volgens de vertaling van Toon Van Houdt, met medewerking van Wim Decock, *Leonardus Lessius. Traditie en Vernieuwing*, Antwerpen: Marie-Elisabeth Belpaire, 2005, p. 79.
26. Een goed overzicht is te vinden bij Daniel M. Hausman en Michael S. McPherson, *Economic Analysis, Moral Philosophy, and Public Policy*, Second edition, Cambridge: Cambridge University Press, 2006.
27. Thomas Mun, *England's Treasure by Forraign Trade*, Reprints of Economic History Classics, Vol. 1, Oxford: Basil Blackwell for the Economic History Society, 1928[1664].
28. John Maynard Keynes, o.c., 1935, pp. 351-352; mijn vertaling.

Over de grenzen van het volkenrecht
Robert Regout, zijn tijd en de rechtsgeleerdheid

Henri de Waele

Robert Regout bezat een veelzijdige en boeiende persoonlijkheid, als mens, als priester en als wetenschapper. Deze bijdrage heeft tot doel een rijk palet te schetsen van zijn korte leven, dat potentieel een inspiratie zou kunnen zijn voor velen. Hier volgt een beschrijving van zijn arbeidzaam bestaan en, meer in het bijzonder, zijn wetenschappelijk werk, zijn verdiensten als jurist en zijn publieke optredens. Het onderwerp vormt een persoon van verdienste, wiens werk en denken lange tijd ten onrechte onderbelicht zijn gebleven.

Regout was een academisch geleerde van statuut. Hij was jurist, gespecialiseerd in het internationale of volkenrecht. Door zijn tragische, voortijdige levenseinde heeft hij niet de kans gekregen om een lange carrière aan de beoefening van dit volkenrecht te wijden. Het lijdt echter geen twijfel dat professor Regout, indien hij behouden uit gevangenschap zou zijn teruggekeerd, een leidende en baanbrekende rol zou hebben gespeeld in de naoorlogse ontwikkeling daarvan. Als geen ander was hij in staat om over de grenzen van zijn tijd, en over de grenzen van het volkenrecht in die dagen, heen te denken. Het benutten van kansen en realiseren van toekomstige mogelijkheden stonden in zijn werk en denken centraal. Zoals hij voorzag, zou de wereld na de oorlog inderdaad een verdere uitbouw van internationale organisaties meemaken en de lange weg afleggen naar een optimale bescherming van de fundamentele rechten van de mens. Een systeem van collectieve veiligheid en de promotie van het internationale strafrecht zijn onontkoombaar gebleken. Ongetwijfeld zouden deze ontwikkelingen de aandacht, arbeid en warme belangstelling van Robert Regout hebben gehad. Het heeft niet zo mogen zijn. Zijn levensspan zou slechts 46 jaar bestrijken, van 1896 tot 1942.

Tuinportret van Robert Regout S.J., 1938

Jeugd en roeping

Regout stamde uit een zeer vooraanstaande familie. Deze familie vervulde in het *fin de siècle* een belangrijke rol in het maatschappelijke en industriële leven van Maastricht. De Regouts vormden een omvangrijke clan van fabrieken-, huizen- en grondbezittende personen en gezinnen. Binnen enkele generaties waren zij gaan behoren tot de rijkste en meest aanzienlijke geslachten van Nederlands Limburg. Hun achternaam zou onlosmakelijk verbonden raken met cultuurgoederen van grote kwaliteit: befaamd porselein, glas, kristal en aardewerk.[1] Als zuidelijke Nederlanders waren zij van geloof rooms-katholiek. Zodoende werd de jonge Robert Regout, geboren op 18 januari 1896, in geloof en weelde grootgebracht.

De vader van Robert, Louis Regout, was aanvankelijk directeur van een aantal fabrieken, maar vervulde naast zijn industriële activiteiten diverse politieke functies. Van opleiding was hij civiel ingenieur en jurist. In de politiek bereikte hij zijn hoogtepunt in 1910 als minister van Waterstaat. De broer van Louis wist het in datzelfde kabinet tot minister van Justitie te schoppen. Toen Robert Regout zijn academische opleiding moest kiezen, zullen zowel zijn vader als zijn oom, beide gedoctoreerde juristen, als lichtbaken hebben gediend.

Maar eerst was daar nog zijn vroege schooltijd. Robert volgde Griekse en Latijnse humaniora op het St.-Willibrorduscollege te Katwijk aan de Rijn. Tijdens deze periode ontving hij zijn roeping. Als jongen van zeven had hij al, na het lezen van een boek over pater Damiaan, het verlangen gekregen om ook op die manier te leven. Maar dit gevoel was later weer weggeëbd en had plaatsgemaakt voor de wens om diplomaat te worden. Onmiskenbaar lag dat meer in het verlengde van zijn afkomst en opvoeding. En eerlijk is eerlijk, bijzonder welwillend stond zijn familie nu ook niet echt tegenover zijn eventuele priester worden. Maar Robert op zijn beurt was ook weer niet bijzonder geporteerd van zijn afkomst en zijn familie en kon in status en rijkdom geen echt levensdoel vinden.

Te Katwijk, eind januari 1912, op een avond bij het naar bed gaan, maande naar eigen zeggen een innerlijke stem hem aan om jezuïet te worden. Hij maakte dit kort daarna aan zijn ouders kenbaar, die hem verzochten om tenminste nog te gaan studeren. Nadat hij dan een academisch kandidaatsexamen zou hebben afgelegd, kon hij doen naar goeddunken. Robert stemde in en toog na zijn humaniora naar de Universiteit te Utrecht. In 1914 voltooide hij daar zijn initiële juridische studiën, met schitterende resultaten. Maar hij had al die tijd het meest uitgezien naar zijn intrede bij de Sociëteit, die vrijwel aansluitend zou volgen.

Studie en vroege betrekkingen

De rechtsgeleerdheid, zijn tweede roeping, zou niettemin zijn aantrekkingskracht blijven behouden. Na het volbrengen van de gebruikelijke religieuze en filosofische vorming bij de jezuïeten keerde hij dan ook tot de juridische wetenschap terug. In september 1920 hernam Robert zijn rechtenstudie aan de Rijksuniversiteit te Leiden. In de doctoraalcolleges van 1922 en 1923 kwam Regout daar in aanraking met de destijds wereldberoemde professor W.J.M. van Eysinga.[2] Deze briljante geleerde slaagde er in om Robert Regout geheel voor zijn vak, het volkenrecht, te winnen. In 1924 besluit Regout zijn rechtenstudie *cum laude*. Zijn keuze voor de rechtswetenschap, in het bijzonder het volkenrecht, is dan gemaakt. In zijn wetenschappelijke werk zou hij het recht tussen staten zijn aandacht geven. Een voor die tijd niet verwonderlijke keuze, die voor het heden misschien wel enige toelichting behoeft.

Midden jaren 1920 bestond de Volkenbond al enkele jaren en werden in het Vredespaleis te Den Haag succesvol de eerste zaken door het Permanente Hof van Internationale Justitie behandeld. Na de verschrikkingen van de Eerste Wereldoorlog was de hoop van velen dat internationale geschillen voortaan niet met geweld, maar langs de weg van het recht zouden worden opgelost. Het volkenrecht had de wind mee en het ligt voor de hand dat menig jurist in opleiding zich aangetrokken voelde door de idealen van die tijd en een aandeel in de verwezenlijking daarvan wilden hebben. Wat de taak van de geleerde was, was Regout in

Studentendagen Katholieke Universiteit Nijmegen, 19-20 februari 1938

ieder geval duidelijk; hij zou deze later zelfs als plicht belijden. Het ging er om 'met inzet van alle krachten het recht en de waarheid te helpen vestigen in deze wereld'.

Diverse activiteiten slokken echter na zijn afstuderen veel van zijn kostbare tijd op. Vanaf 1925 ontvangt hij diverse aanstellingen als leraar in het middelbaar onderwijs. Hij stortte zich eveneens op de strijd voor een actiever geestelijk leven onder katholieken, onder meer via de actie 'Voor God'.[3] Daarnaast zette hij zich in voor het georganiseerde morele offensief tegen de 'heidense stromingen', dat wil zeggen het communisme en fascisme. Daar kwamen dan zijn inspanningen voor de opbouw van een internationale studentenbeweging nog bij.

In zijn vroege wetenschappelijke periode wijdde de jonge geleerde zich ook nog aan doctoraatsonderzoek. Door de genoemde en allerhande andere verplichtingen vorderde dat maar langzaam. Naast de zielzorg en het leraarschap werd hij begin jaren 1930 bovendien studentenmoderator aan de Universiteit te Nijmegen. In 1934 promoveerde hij niettemin met de grootste onderscheiding te Leiden.[4] In 1939 volgde zijn benoeming tot hoogleraar te Nijmegen, die alweer bij zijn arrestatie in 1940 vroegtijdig werd afgebroken. Zijn volwassen leven zou al met al twintig jaar duren; zijn wetenschappelijk werk mocht zodoende eveneens maar twee decennia beslaan. Toch liet hij nog voldoende achter om te oogsten van zijn opvattingen, vruchten om, zovele jaren later, te proeven van zijn arbeid.[5]

De geleerde en zijn tijd

Robert Regout behoorde tot een nieuwe generatie volkenrechtsgeleerden in het voetspoor van grote Nederlandse juristen zoals Tobias Asser, Willem van Eysinga en Cornelis van Vollenhoven. Het was de generatie die in aanraking kwam met de grote vredes- en ontwapeningsconferenties en met de eerste wereldomvattende volkerenorganisatie, de Volkenbond. Op de ruïnes van zwaar gehavende beschavingen probeerden zij een veiliger woonplaats te bouwen. Na de Eerste Wereldoorlog koesterden velen de hoop dat de gevaarlijke 'eigen richting' tot het verleden zou behoren, dat wil zeggen, men hoopte dat staten voortaan niet mee zelf rechter zouden spelen in eigen zaak. Rechtshistorisch gezien kwam na 1919 de periode van het klassieke volkenrecht, waarin de absolute staatssoevereiniteit centraal stond, inderdaad ten einde.[6] Maar het nieuwe, moderne volkenrecht, waarin de internationale betrekkingen door bindende regels genormeerd zouden moeten worden, was nog maar pril; het was merendeels nog te maken, maar evenzeer te breken. Zodra voor staten het eigenbelang toch weer de boventoon voerde, zouden zich opnieuw dreigende wolken boven de jonge wereldorde kunnen samenpakken.

Hoewel in 1926, toen Regout zijn eerste artikelen publiceerde, het recht en de democratieën nog bloeiden, keek Regout verder; hij voelde de spanningen die zouden komen toen al aan. 'Men vergete niet', zo schrijft hij, 'dat de ontwikkeling der rechtsverhoudingen een zeer geleidelijke zal zijn. Evenmin als de individuen, zullen de staten de vrede verdienen, als ze niet iets offeren van hun egoïsme.'[7] En hij had hierin natuurlijk gelijk: alleen wanneer willekeur wijkt en landen zich verplicht voelen om bepaalde regels duurzaam na te leven, kan zoiets als internationaal recht tot wasdom komen. Maar zodra men de innerlijke wil om afspraken na te komen laat varen, moet – naar de klassieke zegswijze – het recht zwijgen zodra de wapens spreken. Staten kunnen dan wederom ten prooi vallen aan het recht van de sterkste, waarmee iedere hoop op duurzame vrede tussen de volkeren vervliegt.

De geestelijke bagage die Regout met zich meedroeg, is iets waar we ons terdege rekenschap van moeten geven. Dit was nu eenmaal de consequentie van zijn intensieve religieuze vorming als jezuïet. Deze bagage kleurde zijn opvattingen volledig, waarmee Regouts wetenschapsbeoefening op twee pijlers kwam te rusten: een realistisch mensbeeld en een daaraan gekoppeld rotsvast godsvertrouwen. Zijn volkenrecht was daarmee in de grond misschien geen zuivere wetenschap, dat wil zeggen juridisch-objectief en vrij van waardeoordelen, maar voor hem kon het dat ook niet zijn. Wanneer men zijn nalatenschap overziet, dan wordt de lezer getroffen door de geestdrift van een vaste overtuiging die de boodschap aanstekelijk moest maken.

Voordat een contemporaine, geseculariseerde toets in zijn voordeel kan uitvallen, moet men zijn door en door gekerstende rechtsopvatting willen realiseren en accepteren. Regout zocht zijn doel niet in hoofdzaak langs wegen van recht, politiek en wetenschap te bereiken. Het moge blijken uit het vaak door hem aangehaalde Bijbelwoord: 'Vrede is de gave van Christus bij uitnemendheid, die de wereld niet geven kan.'[8] Al vroeg in zijn leven raakte deze religieuze inspiratie met zijn werk verweven. Zijn roeping tot God en kerk ging immers aan zijn weg tot het recht vooraf. Zo kon hij stellen:

> Het volkenrecht is opgebloeid uit het christendom, slechts in het christendom zal het levenskracht kunnen vinden. Het beginsel van de eenheid der volkeren en van de onderworpenheid van het staatsgezag aan een hogere wet heeft geen vaste grondslag, tenzij in de erkenning en eerbiediging van God. Op dit onmisbaar geestelijk fundament moet de juridische constructie worden opgetrokken of vervolmaakt.[9]

Toen de jonge jezuïet in 1924 zijn doctoraalexamen deed, was als gezegd de keuze voor het volkenrecht en daarmee voor zijn toekomst gemaakt. Zijn persoonlijke bewogenheid raakte vanaf toen naadloos verweven met zijn wetenschappelijke aanleg. 'De verhoudingen tussen individuen onderling en tussen individu en Staat liggen vrijwel geregeld in de nationale wetboeken, en worden beschermd en gehandhaafd door een hoger gezag', zo schrijft hij kort daarop. 'Maar voor de internationale verhoudingen staat het werk nog bijna geheel te doen: een brede taak voor moralisten en juristen en historici, voor diplomaten en regeerders!'.[10] Tot de eerste categorie zal hij stellig inmiddels ook zichzelf hebben gerekend.

Dat Regout van meet af aan niet alleen maar jurist of theoreticus wilde zijn, bewijzen zowel de titels van zijn publicaties als de keuze van onderwerpen die hij in lezingen, toespraken en radioredes aan de orde stelt. Zijn blik laat zich niet vernauwen tot een zuiver juridische, maar geldt steeds het volkenrecht in brede zin en al wat daarmee samenhangt, zoals het karakter, de politiek en vooral de geschiedenis van bepaalde naties en volken. Bij voorkeur stelde hij actuele kwesties aan de orde, zoals 'De Engels-Franse vriendschap', 'Frankrijks strijd om veiligheid', 'Alledaagse moeilijkheden van een staatssecretaris van Buitenlandse Zaken', 'De Paus en de Vrede', meerdere beschouwingen over de Volkenbond en over het Italiaans-Abessinisch conflict. Uit zijn pen verschenen eveneens brieven en artikelen in kranten en tijdschriften. Zijn eerste publicatie behandelde het recht van de sterkste, zijn laatste het bezettingsrecht. Daartussen hield hij zich bezig met de vraagstukken van zijn tijd. In het bijzonder ging het hem om de verklaring van internationale geschillen en de mogelijkheid deze te beslechten.

Herleest men zijn publicaties vandaag, dan valt op hoe onderhoudend de auteur Regout nog altijd blijkt te zijn. Hij schuwt al te technische verhandelingen en werkt vaak met levendige sfeertekeningen en sprekende, vaak treffende vergelijkingen. In een recensie heeft hij op een bepaald boek aan te merken dat het 'de eenzijdigheid heeft die bij een tendentieus werk wel niet te vermijden is: dat het de argumenten pro vanuit alle windstreken naar voren roept, ze in dichte gelederen ordent en laat oprukken, terwijl de argumenten contra slechts even worden gehoord en als objecties naar de achterhoede verwezen'.[11] In een andere publicatie wijst hij erop dat volgens het internationale recht het luchtruim van een staat als deel van het nationale rechtsgebied moet worden beschouwd en dat dit rechtsgebied zich dus onbeperkt naar boven uitstrekt. Hij merkt daarbij op dat het 'ongetwijfeld een trots gevoel geeft als men bedenkt, dat deze luchtkolom, die zich in verre diepten uitstrekt, iedere 24 uur door het heelal wordt geslingerd!'.[12] Over de Franse strijd om veiligheid in het interbellum maant hij de lezer indringend aan om begrip op te brengen:

> Lezer, laten wij eerlijk zijn. Als u en ik Fransen waren, met behoud natuurlijk van onze Hollandse nuchterheid en objectiviteit, zouden wij ook schrik hebben bij de gedachte aan Duitsland. En niet zonder grond: Duitsland heeft voor de Fransman iets angstwekkends, iets

overmachtigs, iets onberekenbaars, als van een vreemd, gevaarlijk dier dat je plots kan bespringen, en waartegen je geen verweer kent.[13]

Eerlijk is eerlijk, zijn totale wetenschappelijke nalatenschap is niet bijzonder omvangrijk. Veel van zijn publicaties zijn misschien, wat we nu zouden noemen, populair-wetenschappelijk. Maar dat is zeker begrijpelijk wanneer we dit in het licht van zijn tijd zien: Regout vond dat begrip voor de werking en de inhoud van de spelregels tussen staten moest worden aangekweekt. Bovenal wilde hij aantonen hoe het huidige bestel in elkaar stak, wat daarvan de beperkingen waren en hoe het beter kon. Zeker toen de internationale spanningen in de jaren 1930 opliepen, werd het ook steeds urgenter om naast het zuiver juridische, ook het algemene nut van het naleven van gemaakte afspraken te onderstrepen. Regout was ook zeker niet de enige die zich inspande om het grote publiek aan te sporen het vertrouwen in de Volkenbond niet te verliezen. Collega's volkenrechtsgeleerden in die dagen, zoals de hoogleraren Benjamin

Regout spreekt op het congres van de Pax Romana, Bled, 29 augustus 1938

Telders en Jean-Pierre François, spanden zich in om deze boodschap niet alleen maar op papier, maar ook in de praktijk te brengen. Daarom voegde Regout aan zijn lijst nevenfuncties, er in die jaren nog een groot aantal toe. Hij werd lid van de Katholieke Vredesbond.[14] Hij werd juridisch adviseur van de Rooms-Katholieke Staatspartij. Hij trad meer en meer aan op symposia, voor burgers, politici, clerici en studenten. Dit alles heeft zijn tastbare wetenschappelijke erfenis sterk beperkt. Maar men bedenke zich nogmaals dat het hem niet vergund was om langjarig te zaaien op de akkers van zijn vakgebied. De zielzorg, het docentschap en het moderatorschap eisten hun tol. Hij had, vanaf 1940, als hoogleraar aan een meer omvangrijke erfenis willen werken.

Volkenrecht onder druk

Zoals gezegd, raakte de internationale rechtsordening in Regouts tijd verregaand onder druk. Na een veelbelovende start bleek de Volkenbond steeds minder in staat de vrede te bewaren en de internationale veiligheid te bevorderen. Japan had zich ongestraft van een deel van China meester kunnen maken. Duitsland ging, in strijd met de afspraken uit 1919, over tot herbewapening. Uiteindelijk annexeerde het Oostenrijk, ongestraft. Abessinië werd in die dagen illegaal bij Italië ingelijfd. De Sovjet-Unie liet zijn oog op Finland vallen. De Spaanse burgeroorlog werd het slagveld waarop eind jaren 1930 de Europese tegenstellingen met geweld konden worden uitgevochten. De Volkenbond stelde zich passief, eenzijdig of juist dubbelzinnig op. Onwil, machtspolitiek, sabotage en de vele ontwerpfouten weerhielden het collectieve veiligheidssysteem ervan te functioneren. Het gezag van de Bond was tenslotte helemaal weg, haar geluid boven de storm van geweld en nationalisme niet langer te horen. Regout had gelijk gehad en gekregen: ondanks de lessen van het verleden, de verschrikkingen van de eerdere Europese oorlogen, bleken de meeste staten niet bereid om iets van hun egoïsme op te geven. De Nederlandse politiek en rechtswetenschap waren in die dagen begrijpelijkerwijze ernstig in mineur. Cynisme vierde hoogtij. Zo werd het Nederlandse tijdschrift *De Volkenbond*, na zestien jaargangen, zonder nadere aankondiging of verklaring, exemplarisch omgedoopt tot *Internationale Vraagstukken*.

Regout volgde de spanningen rond de Volkenbond op de voet, maar zijn analyse is steeds verrassend optimistisch. Een positievere toekomst en het benutten van nieuwe kansen voor een efficiënter rechtssysteem staan bij hem voorop. Voor de Katholieke Staatspartij had Regout in 1936 een haarscherpe analyse van de zwaktepunten van de Volkenbond op schrift gesteld. Naast enig juridisch feilen wees de auteur op het gebrek aan universaliteit en de gebrekkige doorwerking in de mentaliteit van de volken. Maar zoals hij in een lang interview voor de KRO-radio duidelijk maakte: men moest voorbij de huidige beperkingen leren kijken. Het huidige instituut diende niet te worden opgegeven, maar kon worden vervolmaakt.[15] De beginselen van internationale rechtsordening waren aanwezig en een alternatief was gewoonweg ondenkbaar. In een artikel uit 1938 verkondigde Regout zelfs dat naar zijn mening, met de oprichting van de Volkenbond, de mensheid als het ware 'de richting naar het Beloofde Land was ingeslagen'.[16] De Volkenbond zou uiteindelijk mislukken. Maar deze mislukking stak, zoals Regout terecht aangaf, niet in zijn handvest en nog minder in de onjuistheid van zijn beginselen. Fataal bleek de ongunstige toestand van de bodem, waarop het jonge orgaan gedoemd was te leven. In een rede waarin hij al in januari 1940 de komende vrede en de dan te nemen beslissingen aan de orde stelt, bekritiseert Regout het heersende cynisme. Hem steekt het gemis aan algemeen besef in de eenheid van de mensheid. Dit zet hij echter om in een aansporing de mogelijkheden voor verbetering aan te grijpen en af te zien van defaitisme. 'Zoals de internationale volkenorganisatie dood is zonder innerlijke geest, zo ook onze pogingen zonder innerlijke bezieling', zo stelt hij.[17]

Bij die voordracht is Regout al bijna een half jaar benoemd tot hoogleraar volkenrecht te Nijmegen. In februari 1940 aanvaardt hij zijn ambt met de rede 'Is er grond voor vertrouwen in de toekomst van het volkenrecht?'[18] Tsjecho-Slowakije en Polen zijn dan bij Duitsland en de Sovjet-Unie ingelijfd. Engeland en Frankrijk hebben het daarop de oorlog verklaard. De wereld staat, kortom, opnieuw in brand. Regout beaamt in zijn rede dat in het dagelijks leven het woord volkenrecht tot spotwoord is geworden. Er is alle reden tot bescheidenheid. Van het volkenrecht verwacht men dat het vrede en gerechtigheid geeft en handhaaft in de verhouding tussen de volkeren; in die taak is het volkenrecht tekortgeschoten. Maar op de vraag of men nog vertrouwen in de toekomst van het volkenrecht kan hebben, is het antwoord overtuigd en bevestigend. Immers, niet alleen juristen, ook politici en diplomaten hadden een ondervinding achter zich van bewogen jaren vol hoop en teleurstelling. Zou voor hen niet gelden, dat men door ondervinding wijzer wordt? Terugblikkend op eerdere eeuwen constateert hij dat een internationaal rechtsbesef toch wortel had geschoten. Het bestel was in die dagen weliswaar op zijn grenzen gestoten, maar de naoorlogse toekomst was volgens Robert Regout duidelijk en onmiskenbaar. Op een ernstige wil tot samenwerking zou de zwakke, maar opgaande lijn van het positieve recht moeten worden doorgetrokken. Maar men moest niet ongeduldig zijn. Een mentaliteit van eeuwen wordt immers niet in twintig jaar omgezet. De geschiedenis van de volkeren mogen we niet meten met de korte maatstaf van een mensenleven. De daling in Regouts tijd kon een fase zijn in een proces van stijging naar een betere orde. Ook een woord van inspiratie tot de volgende generatie ontbreekt niet. Aan het slot van zijn rede richt de orator zich tot zijn studenten en wijst hen erop dat het volkenrecht nog maar aan het begin van zijn moderne ontwikkeling staat. Hij spreekt de hoop en verwachting uit dat menigeen onder hen zich geroepen zal weten om mee te werken aan de opbouw van een duurzame rechtsorde tussen de volkeren, waarin overleg en wederzijds begrip de boventoon voeren in plaats van eigenbelang, willekeur en eigen richting.

Als op 10 mei de Duitse inval in Nederland plaatsheeft, verenigt Regout nog éénmaal zijn wetenschappelijke beginselen en persoonlijke overtuigingen in een publicatie. Al op 12 mei is zijn studie 'De rechtstoestand in bezet gebied' gereed, die twee weken later zou verschijnen.[19] De auteur stelt daarin voorop dat juridisch gezien voor de bevolking de bestaande wetgeving van kracht blijft. Daarnaast roept hij op tot trouw aan het vaderland, wat de bezetting ook mag brengen. Juridisch gezien is het betoog vlekkeloos: het bezette gebied blijft onderworpen aan de verdreven soeverein, ook al oefenen de Duitse autoriteiten rechtens de feitelijke macht uit. Maar het onderwerp is riskant en de toon veel te

STUDIËN

KATHOLIEK CULTUREEL TIJDSCHRIFT

DE RECHTSTOESTAND IN BEZET GEBIED

door

Prof. Mr. R. REGOUT S.J.

In den mensch schuilen onverwachte krachten. Wanneer in zijn levensomstandigheden plotseling verwarring komt, ontplooit hij een vitaliteit, die met wonderlijke bedrijvigheid, als mieren in een verstoorden mierenhoop, den gewonen gang van het leven weer zoekt te herstellen.

Zoo is het ook in ons land gegaan. Na de beroering der eerste oorlogsdagen is thans het werk van herstel en opbouw in vollen gang. Dit geschiedt onder de krachtige leiding en onderlinge samenwerking der Duitsche en der Nederlandsche autoriteiten.

Wij staan thans voor het feit, dat na moedig verzet het Nederlandsche leger overwonnen is door de Duitsche weermacht, en dat ons grondgebied verkeert in den toestand, die volkenrechtelijk omschreven is als „occupatio bellica", oorlogsbezetting.

Het artikel dat Regout zijn leven kostte.

gewaagd. De moed en overtuiging waarmee Regout dit artikel durfde stellen zijn bewonderenswaardig. De vermaning tot de bezetter om het volkenrecht correct toe te passen, zou echter zijn lot bezegelen. Een eerste lezing was voor de Gestapo al voldoende om de auteur mede op die grond naar Berlijn te laten transporteren. Bij zijn detentie zou men zich aan internationaal recht en elementaire beginselen van fatsoen en goede trouw niets meer gelegen laten liggen.

Wat blijft

Wat ons van de jurist Robert Regout is nagelaten, moet primair in het licht van de tijd worden gesteld. Aan de vooravond van de Tweede Wereldoorlog keek hij voorbij de beperkingen en tekortkomingen van het vigerende systeem. Als geen ander voorzag hij de mogelijkheid, ja zelfs de waarschijnlijkheid, dat een meer effectieve rechtsordening tussen de staten op kortere of langere termijn gevestigd zou worden. Al stuitte het recht in zijn tijd op zijn grenzen en werkte het niet goed mee om de verhoudingen recht te doen, Regouts overtuiging was dat men van ondervinding wijzer zou worden. De jurist zag vele hoopvolle tekenen, ook al wist hij dat de ontwikkeling naar stabielere rechtsverhoudingen alleen maar zeer geleidelijk kon zijn. Pas generaties na hem zouden de vruchten zien van de boom, waarvan in zijn tijd de wortels nog moesten groeien. Regout dacht ver over de grenzen van het volkenrecht, toen het juist aan die grenzen ten onder leek te gaan. Hij zag grond voor vertrouwen in een toekomst voor het volkenrecht en was daarvan zelf de personificatie. Tegen de stroom in koos hij partij voor recht en beschaving. Zijn stem mag dan gesmoord zijn in een kortstondige triomf van rechteloosheid, zijn vertrouwen zou worden ingelost en zijn strijd niet vergeefs gestreden.

De huidige jurist kan constateren dat het internationale recht inderdaad grote vorderingen heeft gemaakt. Helaas kon deze vooruitgang slechts na en door de verschrikkingen van de Tweede Wereldoorlog op gang komen. Er zijn nog altijd gewelddadige conflicten, waarvan vele om de verkeerde redenen. De Verenigde Naties hebben in hun handvest het gebruik van geweld buiten het recht geplaatst. Dit kan ook tegenwoordig niet garanderen dat de kans op leed of de omvang van dat leed beperkt blijft. Zoals Regout al stelde, blijft de noodzaak van een meer volmaakte ordening altijd bestaan. Het recht in eigen hand nemen, omdat het huidige systeem nog onvolmaakt is, geeft echter geen pas, toen niet en nu niet. Ook dat is een les uit zijn tijd voor de onze.

De wil tot samenwerking tussen de volkeren heeft in het bijzonder het internationale economische recht vaart gegeven. Door de wederzijdse afhankelijkheid en verwevenheid die daardoor ontstond, is een terugval in de willekeur en rechteloosheid van het interbellum voooralsnog uitgesloten. In Europa is de supranationale integratie, thans in de vorm van de Europese Unie, een groot succes gebleken. De opbloei van het internationale humanitaire recht en strafrecht in de laatste jaren, met haar tribunalen voor de berechting van genocide en oorlogsmisdaden, toont eveneens aan dat veel vooruitgang is geboekt. Ten slotte spreekt ook de structurele en universele aandacht voor de mensenrechten ervoor dat het volkenrecht het in haar gestelde vertrouwen heeft ingelost. Maar ook vandaag is er reden tot bescheidenheid. Regout schreef in 1926 al dat zich zelfs in de meest geperfectioneerde volkengemeenschap inbreuken op de vrede zouden blijven voordoen. Maar het feit dat we kunnen constateren dát het recht geschonden is, bewijst tenminste dat is komen vast te staan wát dan het Recht (met een hoofdletter) eigenlijk is.

Regout heeft in een tijd geleefd waarin het volkenrecht steeds luider aan de deur van iedere wereldburger kwam kloppen. Het is zijn blijvende, grote verdienste geweest, dat hij met zijn kennis en overtuiging de geesten daarvoor rijp heeft gemaakt. Zijn kennis van het volkenrecht, gecombineerd met zijn gaven van hoofd en hart, hebben hem een licht doen zijn in een donkere omgeving, een teken van hoop voor de toekomst. De ideeën die hij ontvouwde, zijn gerijpt. Wat de grensoverschrijdende geleerde ons in de huidige tijd heeft nagelaten, is wat in feite de diepste wezenstrek van zijn karakter vormde: staan voor wat je gelooft en geloven in de vrucht van je inspanningen.

1. Zie nader over de dynastie, in het bijzonder zijn grondlegger, onder meer: 'Petrus Regout', in: W. Wennekes, *De Aartsvaders. Grondleggers van het Nederlandse bedrijfsleven*, Amsterdam, 1994, pp. 45-78.
2. Zie voor een overzicht van zijn werk en een fraaie biografische schets: *Sparsa collecta. Een aantal der verspreide geschriften van jonkheer mr. W.J.M. van Eysinga*, Leiden, 1958.
3. Hierover bijvoorbeeld P. Luykx, *De Actie 'Voor God'. Een katholieke elite in het offensief*, Nijmegen, 1978, pp. 106-109.
4. Op de studie *La doctrine de la guerre juste de Saint Augustin à nos jours d'après les théologiens et les canonistes catholiques*, Parijs, 1934.
5. Een volledig overzicht van Regouts publicaties kan men bekomen via de website www.robertregout.nl.
6. Zie bijv. A.C.G.M. Eyffinger e.a. (red.), *Compendium Volkenrechtsgeschiedenis*, Deventer, 1991, pp. 182-198.
7. R. Regout, 'Enige opmerkingen over 'het recht van de sterkste' bij internationale verhoudingen', *Studiën* 106, 1926, pp. 428-433, p. 433.
8. Id., 'Europese verhoudingen sinds het verdrag van Versailles. Frankrijks strijd om veiligheid', *Studiën* 116, 1931, pp. 52-65, p. 65.
9. Id., *Is er grond voor vertrouwen in de toekomst van het volkenrecht?*, Nijmegen, 1940, p. 14.
10. Id., 'Enige opmerkingen', p. 430.
11. Id., 'Karakter en politiek van de Engelsen', *Studiën* 114, 1930, pp. 135-145, p. 143.
12. Id., 'De rechten en plichten van de neutralen', *Internationale Vraagstukken* 1, 1940, pp. 34-40, p. 35.
13. Id., 'Europese verhoudingen', p. 62.
14. Hierover G. Lössbroek, *Katholieke Nederlandse Vredesbeweging 1912-1940*, Tilburg 1989, met name hoofdstuk 2, 'Roomsch-Katholieke Vredesbond in Nederland, 1925-1940'.
15. R. Regout, *De internationale plaats en taak van onze nationale gemeenschap. Nederland en de Volkenbond*, z.p. 1936, p. 10.
16. Id., 'Vrede en volkenrecht', *Pro Pace* 10, 1938, p. 58.
17. Lezing *De komende vrede*, p. 3, Katholiek Documentatiecentrum, Persoonsarchief Robert Regout, inv.nr. 36.
18. R. Regout, *Is er grond voor vertrouwen in de toekomst van het volkenrecht?*, Nijmegen, 1940.
19. Id., 'De rechtstoestand in bezet gebied', *Studiën* 133, 1940, pp. 469-475.

Over de grenzen van verdrukking

Robert Regout: zielzorger in gevangenschap

Marc Lindeijer S.J.

Persoonlijk martelaarschap is mooi, had Robert Regout in 1937 geschreven, maar er is ook de plicht om met inzet van alle middelen te zorgen dat de komende generaties in een christelijke omgeving zullen opgroeien.[1] 'Het gevaar van het moderne heidendom – hetzij communisme of nationaal-socialisme – wordt niet gekeerd, zolang de katholieken niet in hun persoonlijk en sociaal leven in toepassing brengen de leer van Christus en van Zijn Kerk.'[2] De middelen die hemzelf ter beschikking stonden waren zijn kennis van het recht en zijn positie in een netwerk van geleerden en bestuurders. Regout achtte het zijn plicht om te spreken.

Op 10 mei 1940 trok het Duitse leger de Nederlandse grens over. Op 12 mei had professor Regout een artikel klaar: 'De rechtstoestand in bezet gebied'. De bezetter aan zijn rechten én plichten herinneren was echter niet zonder risico; Regout wist dat hij gevangengenomen kon worden en had zich voorgenomen om bij een verhoor zijn bezwaren tegen het nationaal-socialisme naar voren te brengen. Begin juni verscheen het artikel. Dat het kon verschijnen, was te danken aan een Duitse censor die ook niet ingenomen was met de bezetting en liefst had gezien dat Regout nog feller had geschreven. Regout reisde ondertussen stad en land af om advies te geven aan de autoriteiten die met de bezettende macht in aanraking kwamen en om met universiteiten overleg te plegen over mogelijk verzet. Ook de kleinen vergat hij niet: zo gaf hij op zondag 16 juni een 'prachtige en nuttige' lezing op het jezuïetencollege in Den Haag over de bezetting en andere oorlogsvraagstukken.[3]

Twee weken later was Regout weer in Den Haag voor een bespreking en bezocht hij op zondagavond zijn zuster Eugenie. Hij moet gehoord hebben dat daags ervoor, op 29 juni, de Gestapo aan de deur had gestaan in Nijmegen. Op de fiets van zijn zwager ging hij de ruim 130 kilometer naar huis terug. Hij dacht – onnozel, zei hij later – de volgende zondag weer in Den Haag te kunnen zijn. Hij vond zijn kamer verzegeld en meld-

Regout lezend in de trein

de zich volgens voornemen op 1 juli bij de Gestapo. Deze had overal priesters, geleerden en journalisten gearresteerd op verdenking van contacten met de Duitse jezuïet Friedrich Muckermann, de drijvende kracht van de katholieke actie tegen het nationaal-socialisme die zes jaar eerder ondergedoken was in Nederland. Een netwerk had Muckermann echter niet, alleen wat vrienden en medewerkers. Regout hoorde daar niet bij, maar omdat hij samen met Muckermann op een lijst stond van jezuïeten die aangesteld waren om het communisme te bestuderen, viel de verdenking ook op hem. De volgende dag werd zijn kamer op de pastorie leeggehaald. Boeken, papieren, alles ging naar de gevangenis in Arnhem, waar Regout opgesloten zat met enkele collega's. Enkele weken laten werden die vrijgelaten of overgeplaatst. Regout kreeg een andere behandeling.

'Een van de meest toonaangevende persoonlijkheden'

Was het de hoop op een spoedige vrijlating die maakte dat Robert Regout kalm en opgewekt bleef? Op 3 juli schreef hij zijn moeder: 'Ik maak 't werkelijk uitstekend! 'n Heerlijke rust naar ziel en lichaam. In mijn geestelijke afzondering wil ik dan ook niet gestoord worden door correspondentie of bezoek.'[4] Medegevangenen getuigden later dat Regout in de cel aan zijn jaarlijkse retraite was begonnen; heerlijk rustig, soms wat teveel. In de weken daarna sliep hij 'voor twee jaar vooruit' en besteedde de dag aan gebed, studie en lectuur. Tweemaal per dag mocht hij even wandelen op het binnenplaatsje. Het was op zo een wandeling dat een kennis hem zag, op 2 augustus, en aan de familie kon doorgeven dat hij het goed maakte, maar er nog steeds niet achter was wat men hem verweet. Meer nieuws kwam een week later uit Arnhem, van zijn zuster Dodo. Er was grote kans dat hij weldra vrij zou komen. Momenteel waren de Duitsers bezig zijn paperassen te onderzoeken. Omdat het er zoveel zijn duurde het lang, maar het liep ten einde.

Wat er werkelijk bij de Gestapo gebeurde kon niemand zelfs maar vermoeden. Dankzij aantekeningen die in Regouts papieren zijn teruggevonden, weten we nu hoe het onderzoek is gedaan: grof, willekeurig, op zoek naar de kleinste sporen van schuld om het zwaarste vonnis te vellen. De wetenschappelijke artikelen werden ongelezen aan de kant geschoven. Een lijstje namen, een krantenartikel, een declaratie voor het ministerie van buitenlandse zaken, een ambtelijke brief van het Katholiek Comité voor Slachtoffers van Geloofsvervolging van de Utrechtse professor Schmutzer: nog geen tien frasen en snippers papier vormden het dossier. Elke mogelijke band met een mogelijke vijand werd dik onderstreept en tot feit verheven. Professor Regout, aldus de conclusie, was

> op juridisch gebied in Nederland een van de meest toonaangevende persoonlijkheden. ... Hij stond in zeer nauw contact met de meeste

> belangrijke politici van Nederland en de Westerse bondgenoten. Zelfs in de Volkenbond wist hij op verregaande wijze zijn invloed te laten gelden. Ook op het gebied van de binnenlandse politiek in Nederland wist hij te bewerkstelligen wat hem wenselijk leek.[5]

'Regout moet als gijzelaar in hechtenis worden genomen.' Dat was het vonnis op 24 september. Het tekent meteen de gebrekkige communicatie bij de veiligheidsdienst, want Regout was al op 16 augustus weggevoerd naar Berlijn met een tiental 'Muckermannianen'. Professor Schmutzer was erbij, de redacteuren van de anti-nazistische *Katholieke Wereld Pers* Hein Hoeben en aalmoezenier Van Lierop, en de redacteur van het Bossche bisdomblad rector Rooyackers, die wekelijks artikelen van Muckermann had geplaatst. Even had Robert Regout tegen de tocht opgezien, omdat hij nu een interessant boek niet kon uitlezen, maar temidden van zijn bedrukte reisgenoten was hij het die de aandacht wist af te leiden, grapjes maakte – 'een gezellig uitstapje, zo samen!' – en er zelfs een vrolijke stemming wist in te brengen.[6]

'Een gave Gods'

Berlijn, het *Polizeipräsidium* aan de Alexanderstrasze. 'Eén voor één worden we opgeroepen en met Pruisische grondigheid geregistreerd, genummerd en onderzocht', aldus lotgenoot Franz Ballhorn, een naar Nederland gevluchte Duitse journalist.

> Nogal kaalgeplunderd en uitgekamd wordt onze groep in een grote gemeenschapscel ondergebracht. … De inventaris bestaat uit twee wastafels met stromend water, een toilet, drie bovenramen, een grotere tafel met twaalf krukjes, een emmer, twee bezems – al rijkelijk versleten – evenals twaalf ijzeren bedden, steeds twee boven elkaar. Het is ondertussen laat geworden. Pater Regout bidt psalm 90: 'Wie in de schaduw van de Allerhoogste woont…' en geeft de avondzegen.[7]

Bijna een jaar zou Regout er verblijven, zeker de eerste maanden onder slechte omstandigheden. Pas in oktober mochten er pakketten met levensmiddelen van thuis ontvangen worden, evenals extra kleding voor de koude dagen en nachten in Berlijn. Minstens zo groot was het probleem van de wandluizen, die het vooral op Regout gemunt hadden. Zijn voeten waren ontstoken en gezwollen. Van de dokter kreeg hij bevel in bed te blijven. 'Nu doceert hij in horizontale houding vanaf de strozak', aldus Ballhorn.[8] Lezing, debat, kaartspel, gymnastiek: het hoorde allemaal bij de dagorde die Regout had voorgesteld. En wanneer men zich klaarmaakte voor het wekelijks kwartiertje luchten, klonk het monter: 'Jongens, we moeten zorgen netjes voor de dag te komen, schoenen gepoetst, enz.; we moeten weten hoe ons te gedragen en ons te vertonen.'[9] Regout wist hoe men zijn waardigheid moest behouden, het uiterlijk teken van innerlijk vertrouwen in de toekomst.

Op 16 december begonnen de celgenoten de kerstnoveen, met dagelijks een kort toespraakje door een van de priesters na het ochtendgebed. Pater Regout sprak de eerste dag. 'Waar we ook Kerstmis zullen vieren, hier of thuis, genadevol kan het overal voor ons zijn en misschien is dit kerstfeest genadevoller voor ons als ooit tevoren.' [10] Woorden die houvast boden toen enkele uren later iedereen behalve Regout op transport werd gezet naar het concentratiekamp Sachsenhausen. Maar waarom niet Regout? Vragen...

Temidden van alle onzekerheid kreeg Regout begin januari 1941 nieuwe celgenoten, wat hem hielp om weer moed te vatten. 'Hij maakt een zeer montere indruk en fungeert zo'n beetje als 'senior' van een gemengd gezelschap van vijf.'[11] Degene die hem zo beschreef was Adriaan Millenaar, lid van het vroegere Nederlandse gezantschap, in Berlijn achtergebleven om onder Zweedse bescherming de belangen van zijn landgenoten te behartigen. Professor, herinnerde Millenaar zich later, getuigde er steeds weer in heel zijn wezen van dat hij zich ondanks alle leed en ontberingen sterker voelde dan die agressieve en fanatieke politiemacht. 'Zijn houding was altijd zo fier en daarom aandoenlijk, dat het mij altijd een genoegen was met hem te mogen samenkomen.'[12]

Vanaf februari kwamen er hoopgevende geruchten uit het *Reichssicherheitshauptamt*. Regouts zaak zou zich in het laatste stadium bevinden; waarschijnlijk werd hij binnenkort overgeplaatst naar Sachsenhausen. Voor de familie Regout reden om via een Duitse advocaat een verzoekschrift in te dienen bij de hoogste instanties: Hitler, Himmler, Heydrich. Want, had Millenaar gewaarschuwd, 'de Gestapo is in dezen oppermachtig en er zijn maar heel weinig persoonlijkheden in 't Derde Rijk, die daar iets kunnen bereiken.'[13] En inderdaad, twee maanden later moest de advocaat uit Berlijn meedelen dat professor Regout gevangen werd gehouden 'met het oog op zijn nauwe banden met kringen van [Duitse] emigranten en hun ophitsing tegen Duitsland'.[14] Zijn arrest zou waarschijnlijk tot het einde van de oorlog duren. Muckermann dus, alweer en nog altijd onbewezen. Robert Regout wist nog van niets en kon op 8 mei aan zijn moeder schrijven: 'Zo gaat mijn leven rustig verder, en aangezien de tijd altijd in beweging is, zal toch ooit het ogenblik komen, dat deze periode voorbij is.' [15]

Twaalf mensen in een kleine ruimte, weinig licht en frisse lucht, kleren die versleten raken: het drukkende leven in de cel schemert door in de brieven die Regout tweemaal per maand naar huis schreef. De situatie helemaal weergeven was onmogelijk, omdat elke brief door een censor gecontroleerd werd. Wat wel uit de brieven blijkt, uit de toon en uit de vragen, is zijn kalme opgewektheid en zijn belangstelling voor vrienden en familie. Met name de universiteit lag hem na aan het hart. Naar zijn medegevangenen toe was hij niet minder attent. Volgens een celgenoot, de Amsterdamse politie-inspecteur Hoogenboom, was zijn kracht om iemand moed in te spreken enorm. 'Mijn vrouw was in verwachting... Gedurende mijn gehele verblijf in Duitsland had ik geen enkel bericht van huis vernomen. Ik wil eerlijk bekennen, dat het huilen mij vaak nader stond dan het lachen, doch telkens wist Regout mij er bovenop te brengen.'[16] In februari 1941, toen Hoogenboom alweer een paar maanden thuis was en zijn dochtertje geboren werd, kwamen er via moeder Regout hartelijke gelukwensen uit Berlijn.

'Zo onzegbaar treurig' was het in de gevangenis, 'dat het als een gave Gods gezien moet worden, dat er onder die omstandigheden een mens was die ons oprichtte', aldus een andere celgenoot, Hans Asmussen, president van de Evangelische Kerk in Duitsland. De kennismaking met pater Regout had zijn geloof in de eenheid van de Kerk versterkt, door hun gesprekken over godsdienst, maar ook door de bridgepartijen – waar Regout volgens hem 'een meester' in was – die tot diep in de nacht konden doorgaan: christelijke eenheid, 'want we zijn in de gevangenis als broeders met elkaar omgegaan'.[17]

Op 3 juli 1941 schreef Robert Regout aan zijn moeder: 'Ik ben nog altijd hier, maar ik verwacht dat ik spoedig door zal gaan naar het kamp.' 'Deze nieuwe, waarschijnlijk zware periode zal ik, met Gods hulp, net zo doorkomen als het afgelopen jaar; tot nu toe heb ik het lichamelijk en geestelijk goed gemaakt.'[18] Zes dagen later werd hij daadwerkelijk op transport gezet naar Dachau, het concentratiekamp

Toegangspoort tot het concentratiekamp Dachau

waar sedert drie maanden alle gevangen priesters bijeen werden gebracht. 'Ik wil u bedanken', stond er in het briefje dat een celgenoot meegaf aan Regout, 'bedanken voor het vertrouwen dat u mij teruggegeven hebt, want u bent de eerste man die ik heb leren kennen, die geen priester maar zielzorger is.'[19] Ook de man met wie Regout pols aan pols geketend de reis per trein van negen dagen naar Dachau maakte, een soldaat van de *Wehrmacht* die zich misdragen had, sprak later vol lof over hem.

'Wie Regout zag, vatte moed'

Wist Robert Regout wat hem te wachten stond? Thuis in Nederland had men slechts een vaag vermoeden. De dwangarbeid was zwaar in het begin, had zijn moeder gehoord, maar het went. In Berlijn wist men meer. Het was de Zweedse gezant graaf De Laval namelijk gelukt om Regout drie weken na zijn aankomst in Dachau te bezoeken. 'Professor was zeer gezond en maakt een montere indruk.' Hij bevond zich bij de intellectuelen en 'behoeft niet te werken, mag lezen en is heel veel buiten'.[20] Schone schijn... Toen De Laval zich had aangediend, had men Regout snel geschoren en in nette kleren gestoken; samen met de gezant werd hij vriendelijk ontvangen in de kamer van *Schutzhaftlagerführer* Hofmann en kreeg zelfs een sigaar aangeboden. Nauwelijks was De Laval weggereden of Hofmann kwam terug, sloeg Regout in zijn gezicht en schreeuwde: 'Hoe durf je in mijn aanwezigheid te roken, *du Sauhund*!' Met een schop achterna werd hij terug het kamp ingesmeten.[21] Niet meer pater of professor of zelfs maar Robert Regout, maar misdadiger, gevangene nummer 26.750.

Na het toegangsblok was Regout – kaalgeschoren, streepjespak aan, houten blokken met een lapje stof erover als sandalen – terechtgekomen op het priesterblok 26. Hij kon er nog van de privileges genieten die het Vaticaan eind 1940 had weten te verkrijgen, zoals een kapel en vrijstelling van lichamelijke arbeid. Twee weken later al, op 19 september, werden hem de laatste vrijheden ontnomen, toen hij met de andere niet-Duitse, vooral Poolse geestelijken op blok 28 en 30 werd gezet en aan het werk moest. Dagen van vijf uur 's morgens tot zeven uur 's avonds, met urenlange exercities op het plein tijdens de 'rustperiodes' en kamerdienst tot er geen kreukel of stofje meer te zien was. Daar kwam de slechte voeding bij, de volstrekt ontoereikende kleding, zeker in kou of regen, en de eindeloze pesterijen en mishandelingen door de SS en het kamppersoneel, die een bijzondere haat en minachting hadden voor Joden, Polen en priesters. 'Wij waren de paria's', zei de kapucijnerpater Lips uit Den Bosch, die in september arriveerde en kamergenoot van Regout werd. 'Wij waren ... de gevloekten en getrapten: de vogelvrijverklaarden. Tegen ons was alles geoorloofd.'[22]

Vermoedelijk behoorde Regout met Lips tot de groep van zeventien geestelijken die de transporten moesten doen: een acht à negen meter lange wagen trekken en laden en lossen. De last – aardappelen, kolen, zout, machines en ook stervenden en lijken – kon oplopen tot 8.000 kilo; het bevel daarbij luidde: volle wagen en volle zakken vlug trekken; met lege wagen of lege zakken in draf. Stok of laars zorgden ervoor dat het ook gebeurde. Een maand later klonk er voor het eerst bezorgdheid door in Regouts brieven.

> 'Hoe gaat het met tante Robertientje?', vroeg hij, een truc om over zichzelf te schrijven. 'De tijden moeten voor haar ook moeilijk zijn, denk ik, vooral omdat ze snel onder de kou lijdt en eten moeilijk te krijgen is. Maar ik verwacht, dat haar taaie gestel en haar opgewekte aard de moeilijkheden van de komende winter zullen doorstaan.' [23]

Gelukkig kreeg hij na enige tijd ander werk, misschien omdat hij het fysiek niet aankon, misschien omdat hij de naam had onder 'bescherming' van Zweden te staan. Veel beter werd het niet. Nu moest hij helpen bij het schoonhouden van het kamp. In de strenge winter van 1941-1942 betekende dat sneeuwruimen bij 35 graden onder nul, ook 's nachts, en zonder overjas. Met een kruiwagen of een omgekeerd tafelblad droeg men het weg, terwijl de sneeuw vastklonterde onder de houten zolen en het lopen moeilijk, zo niet onmogelijk werd. Wie uitgleed of zijn last liet vallen, werd afgeranseld. 'Omdat het heeft gesneeuwd, heb ik weinig tijd en moet ik deze brief ook snel afmaken. ... Ik moet de witte wereld in.' [24] Hoeveel ellende lag er niet verscholen achter dat zinnetje van 24 januari 1942. Klagen deed hij niet. Aan de familie schreef hij slechts dat hij mager werd en bevattelijk voor ziekte; in het kamp deed hij het werk alsof het de normaalste zaak van de wereld was, 'zo prettig, zo gewoon, maar dat was juist zo buitengewoon: je merkte bij pater Regout geen egoïsme.' [25] De pakketten met kleding en voedsel die hij als een van de weinigen kreeg, verdeelde hij. Naastenliefde bleef de drijvende kracht van zijn leven, evenals gebed: voor stilstaan in de buurt van de kapel werd hij neergeslagen, voor een kruisteken afgeranseld als een hond, maar Regout hield vol. 'Hier kunnen we offergave zijn meer dan buiten', zei hij simpel. [26]

Zoals al bleek uit de pakketten die Regout uit Nederland ontving, waren familie, vrienden en medebroeders druk bezig om voor hem te zorgen. Behalve het sturen van geld en allerhande zaken had men een man in de arm genomen die misschien kon bereiken dat professor Regout naar Nederland overgebracht zou worden. Leo Peltenburg was voor de Eerste Wereldoorlog houthandelaar in Letland geweest en had nog altijd goede connecties in Duitsland. Via een hoge SS-er in Berlijn wist hij op 19 januari 1942 door te dringen tot Regout in Dachau. In bijzijn van een bewaker konden ze een half uur praten, zij het over neutrale onderwerpen. Toen Regout liet doorschemeren dat het verblijf in de nogal gesloten gemeenschap van Poolse priesters op blok 28 hem zwaar viel, werd meteen gedreigd het gesprek af te breken. 'Onder de druk der omstandigheden kon het niet anders dat de ogen soms vochtig werden', schreef Peltenburg diezelfde dag aan moeder Regout. Het vooruitzicht van overplaatsing naar een kamp in Nederland had de gevangene nieuwe hoop gegeven. Maar ook Peltenburg wist: bij de SS, de Gestapo, enzovoorts is het 'alles krek eender wat de willekeurige macht betreft, zelden ten goede en meestal naar het boze overhellend.'[27] Zijn vrees werd bevestigd, toen hij op 15 april eindelijk werd ontvangen op het *Reichssicherheitshauptamt* en te horen kreeg dat weliswaar overplaatsing van geïnterneerden naar Nederland overwogen werd, maar niet van Regout. 'Ik mocht geen verdere vragen stellen op gevaar van het onderhoud af te breken.'[28]

In de lente was Robert Regout met andere geestelijken tewerkgesteld op de plantage. Elke dag de lange, lange weg erheen en dan de hele dag in hitte en kou en regen en wind op het veld rondkruipen: graven, wieden, planten en schoffelen. Het zware werk brak hem niet, evenmin als het gebrek aan eten. Pas de Goede Week van 1942 zou dat doen, de eerste week van april, toen hij met honderden andere priesters en dominees uit de barak werd gedreven en naakt op de appelplaats moest blijven staan. Het spel werd verscheidene malen herhaald, verscheidene dagen. Urenlang in strafmars over het plein en door de straten van het kamp, op hun houten sandalen, met kapotte voeten, zonder voldoende kleding, zwijgend of op commando SS-liederen zingend. Urenlang staan in de houding, in een razend tempo onzinnige karweitjes uitvoeren, geen eten of drinken, op de been van 's morgens vier tot 's avonds negen uur. 'Toen ik hem na deze lijdensweek terugzag', aldus Regouts vriend en medebroeder Piet van Gestel, 'ben ik van hem geschrokken: zijn trekken waren verwrongen, zijn adem gejaagd, maar zijn ogen bleven zacht en helder.'[29]

Regout moest in de ziekenbarak worden opgenomen, vonden zijn vrienden, maar steeds werd hij geweigerd. Inmiddels woog hij nog maar 53 kilo. Op een dag trof hij een Poolse priester aan, die ook was afgewezen en rillend van koorts en uitputting langs de straat lag. Regout nam de man in zijn armen, droeg hem met veel moeite naar het ziekenblok en drong aan dat ze dan tenminste deze bijna stervende een bed zouden geven. De *kapo* Karl Zimmermann, een gewetenloze moordenaar, wist hoe je met 'simulanten' om moest gaan: je sloeg ze met het hoofd tegen de muur. 'Waarom doe je dat?', vroeg Regout vriendelijk-ernstig. Het antwoord was een harde schop in zijn kruis, zo hard dat Regout de dag daarop alsnog opgenomen moest worden.[30] Twee maanden – juni en juli – bleef hij er, maar echt herstellen deed Regout niet meer. Andere Nederlandse priesters, later gearriveerd, overleden in die tijd, zoals Regouts collega van de Nijmeegse universiteit, professor Titus Brandsma.

Op 9 augustus schreef hij weer, nu uit blok 30, over zichzelf. 'Over tante Tine maak ik me eerlijk gezegd een beetje zorgen; ik hoop maar dat ik snel naar huis kan komen, want het gevaar is tamelijk groot dat voor die goede Tine de winter in deze tijd te zwaar wordt en ik haar dan niet meer terug kan zien.'[31] Hij zag er slecht uit en was sterk vermagerd. Vrienden hadden weten te regelen dat hij na zijn ontslag uit het ziekenblok in de kousenstopperij kon werken, zodat hij tenminste kon zitten. Daarmee is ook een belangrijk aspect van het leven van Robert Regout benoemd: zijn gave om vrienden te maken. In Dachau had hij zelfs onder de communisten sympathisanten, die hem op zijn ziekbed bezochten en hem een boek of iets te eten brachten. Uit wraak stuurde *kapo* Zimmermann elf van hen – Regout durfde hij niet te pakken – in augustus 1942 naar Auschwitz, waar een derde binnen enkele weken stierf. Wat maakte dat mensen van allerlei rang en stand zo graag bij Regout kwamen en alles voor hem deden? 'Wie Regout zag, vatte moed', heeft zijn vriend en kampgenoot Van Gestel gezegd, en rector Rooyackers, die met Regout in Berlijn en sinds oktober 1942 in Dachau zat, bevestigt: 'Hij wist zich boven alles te verheffen.' 'Als je in Dachau 's zondags een paar uurtjes vrij had en met hem in de *Lager-Strasse* wandelde, dan deed je dat geweldig goed. Anderen praatten steeds over de rotzooi, maar hij was altijd positief.'[32] Meer dan een optimist was Regout een man van hoop, van vertrouwen 'dat God alles ten goede leidt voor hen die Hem liefhebben'. Met dat citaat van Paulus had hij zijn artikel over de rechtstoestand in bezet gebied afgesloten, het artikel dat mede leidde tot zijn dood.

Laatste brief van Robert Regout aan zijn moeder, Dachau, 7 november 1942

XXII Dachau 7 Nov. 42

Ontvangen 30 Nov.

Liebe Mutter.

Die freie Zeit ist äusserst beschränkt, darum nur einige Zeilen.

Der Brief von Palmen u.a. empfangen; sage ihm dass es mir grosse Freude gemacht hat und dass er die anderen auch dankt. (Der 2e Brief noch nicht angekommen). Weiters: 16 Okt herrliches Paket vom schwed. Gesandtschaft, ebenso 30 Oktober; alles in Ordnung und ausgehändigt bekommen – was eine Schätzen! Ich erkenne von mehrere Sachen den lieben Spendern; so denke ich dass die deutsche Butter von Beatrice u. Hardy kommt. Danke auch die Herrn von Gesandtschaft; auf diese Weise geht es glänzend und sicher. Auch Dank an

'Het 'offer' van mijn leven'

Regouts laatste brief, van 7 november, verraadt nog niets. Dank voor de voedselpakketten, belangstelling voor het wel en wee van vrienden en familie, 'iedereen de allerbeste groeten en dank, vooral u, lieve moeder' op het eind.[33] Bij Piet van Gestel klaagde hij echter over moeheid en gebrek aan eetlust; soms werden de zenuwen hem zo de baas dat hij in huilen kon uitbarsten. Weer waren het zijn vrienden die gedaan kregen dat hij eind november onder dak kwam in ziekenblok 1, kamer 4, een rustige kamer voor de prominenten van het kamp. De leiding was in handen van de uitstekende verpleger Heini Stöhr, een communist die al jaren in Dachau zat. Er was alle reden om te menen dat Regout weer op krachten zou komen, ook al omdat enkele weken eerder algemeen verlof gegeven was voor het ontvangen van pakketten. Echter, kort na de opname werd bij Regout geelzucht geconstateerd, met onverklaarbare koortsen. Stöhr vocht voor hem 'als een moeder voor eigen kind', aldus Regout, maar ondanks alle zorg week de ziekte niet. Op 18 december schreef Robert Regout zijn testament: 'Als Onze Lieve Heer het 'offer' van mijn leven vraagt, dan met grote vreugde voor geloof en vaderland en bijzonder voor studenten en professoren van de Nijmeegse universiteit.' Het geloof in zijn hart te ervaren was hem nooit gegeven, maar nu, voor het eerst misschien, kon hij zeggen: 'Ik ben in geestelijke hoogconjunctuur.'[34] Vol blijdschap keek hij uit naar het einde. Tien dagen later slaagde de Oostenrijkse priester Steinkelderer erin zijn biecht te horen en de ziekenzalving toe te dienen. Diezelfde dag, 28 december, trad er rond vier uur 's middags een complete verandering op: Regout sprak niet meer, raakte bewusteloos, zijn ogen braken, maar hij had nog een goede pols. Vanaf zeven uur begon hij te reutelen en nam zijn pols af. Rond kwart voor acht 's avonds stierf Robert Regout, zonder dat hij nog bij bewustzijn was geweest. 'Ik heb nooit vermoed', zei de Oostenrijkse priester later, 'dat het mogelijk was zo doodgewoon en tegelijk zo sereen en blij uit dit leven te gaan als pater Regout het deed.'[35]

1. Deze bijdrage is een bewerking van het hoofdstuk 'Voor geloof en vaderland. Gevangenisjaren 1940-1942' in: M.J.F. Lindeijer en A. Welle, *Robert Regout. Maastricht 1896 – Dachau 1942*, Nijmegen/Drachten 2004, pp. 77-100. Zie ook: M. Lindeijer, *Dertig dagen met Robert Regout. Apostel van hoop*, Tegelen 2006.
2. Katholiek Documentatie Centrum, Persoonsarchief Robert Regout, inv.nr. 3.
3. Archief Nederlandse Provincie van de Sociëteit van Jezus (ANPSJ), Archief Katwijk-De Breul, inv.nr. 38f, 16-6-1940.
4. Collectie W.J. Regout-Everard (CWRE), brief R. Regout aan W. Regout-Everard, 3-7-1940.
5. Nederlands Instituut voor Oorlogsdocumentatie, 8g, 072732/9, rapport W. Harster aan F. Wimmer, 21-8-1940.
6. Familie-archief Struycken-De Block (FSB), brief E. Regout aan de familie, 23-6-1945.
7. F. Ballhorn, *Die Keller Gottes. Tagesbuch eines jungen Christen 1940-1945*, Münster 1946, pp. 19-20.
8. O.c., p. 28.
9. P. van Gestel, *De laatste Nederlandsche priester die te Dachau stierf. Professor Robert Regout S.J.*, Maastricht 1947, p. 14.
10. L. Rooyackers, 'Kerstmis achter prikkeldraad', *Bisdomblad* 22-12-1972.
11. Geciteerd in: CWRE, brief V. Esser aan W. Regout-Everard, 17-1-1941.
12. Id., brief A. Millenaar aan W. Regout-Everard, 21-1-1943.
13. Id., brief A. Millenaar aan W. Regout-Everard, 28-3-1941.
14. Id., brief J. de Brauw aan W. Regout-Everard, 3-5-1941.
15. Id., brief R. Regout aan W. Regout-Everard, 8-5-1941.
16. ANPSJ, Provinciaalsarchief (PA), Persoonsdossier Robert Regout (PDR), brief P. Hoogenboom aan P. van Gestel, 24-5-1940.
17. CWRE, brief H. Asmussen aan W. Regout-Everard, 15-11-1947.
18. Id., brief R. Regout aan W. Regout-Everard, 3-7-1941.
19. ANPSJ, PA, PDR, brief E. B...(?) aan R. Regout, 9-7-1941.
20. CWRE, brief A. Millenaar aan W. Regout-Everard, 27-2-1941.
21. A. Kozlowiecki, 'Hoffman, der Lagerführer mit dem Doppelgesicht', in: E. Weiler, *Die Geistlichen in Dachau*, Mödling 1971, pp. 886-887.
22. P. Othmarus (J. Lips), *Van pij en boevenpak*, 's-Hertogenbosch 1946, p. 44.
23. CWRE, brief R. Regout aan W. Regout-Everard, 18-10-1941.
24. Id., brief R. Regout aan W. Regout-Everard, 24-1-1942.
25. Id., Pater Helmich O.S.B. schrijft over Robert Regout, z.d.
26. Van Gestel, *De laatste Nederlandsche priester*, p. 23.
27. CWRE, brief L. Peltenburg aan W. Regout-Everard, 19-1-1942.
28. Id., brief L. Peltenburg aan W. Regout-Everard, 13 en 15-4-1942
29. Van Gestel, *De laatste Nederlandsche priester*, p. 20.
30. ANPSJ, PA, PDR, brief K. Lill aan de Universiteit van Leiden, 2-10-1977.
31. CWRE, brief R. Regout aan W. Regout-Everard, 9-8-1942.
32. H. Beex en J.G. Dukker, 'Gesprek met mgr. L. Rooyackers', *Bisdomblad* 13-4-1973, p. 15.
33. CWRE, brief R. Regout aan W. Regout-Everard, 7-11-1942.
34. ANPSJ, PA, PDR, geestelijk testament, 18-12-1942.
35. Van Gestel, *De laatste Nederlandsche priester*, p. 27-28.

IHS

Nawoord

Markante jezuïeten als inspiratie voor de toekomst

Barbara Segaert
Wetenschappelijk coördinator UCSIA

Uit de betrachtingen en aspiraties van de markante jezuïeten die in deze publicatie worden beschreven herkennen wij een aantal karakteristieken, die de eigenheid van de Sociëteit van Jezus vandaag nog kenmerken.

Zij waren veelzijdig en flexibel, ondernemend en innoverend, theoretisch onderlegd en praktijkgericht, pedagogisch ingesteld en politiek bewust.

Zij waren multidisciplinair, verrichtten vernieuwend academisch werk, toetsten theoretische kennis aan de praktijk, waren didactisch onderlegd en maatschappelijk begaan.

Zij waren actief in cruciale domeinen als onderwijs, economie, recht, cultuur en werden in hun ondernemingen geleid door zin voor maatschappelijke ethiek.

De hiervoor beschreven bekende en minder bekende jezuïeten waren allen afkomstig uit de Lage Landen en gaven mee vorm aan de jezuïtische traditie die vandaag in Antwerpen wordt voortgezet door het Universitair Centrum Sint-Ignatius Antwerpen.

Als erfgenaam van de voormalige jezuïetenuniversiteit UFSIA ontwikkelt UCSIA vandaag academische projecten die een forum verlenen aan internationale en interdisciplinaire uitwisselingen over maatschappelijk relevante, actuele thema's die betrekking hebben op interculturele dialoog, geloof en cultuur en sociale rechtvaardigheid, om aldus bij te dragen tot een meer rechtvaardige samenleving vanuit christelijke inspiratie.

In die zin mag UCSIA zich eveneens erfgenaam noemen van de grensverleggende creatieve arbeid van de markante jezuïeten die in deze publicatie aan bod komen.

Slaagt UCSIA in haar opdracht een brug te slaan tussen heden en verleden en relevante reflectie te stimuleren voor het creatief vormgeven van de toekomst?

Gevel Jezuïetenkerk Carolus Borromeus, Antwerpen

In een eeuw waarin meer dan ooit globaal moet worden gedacht en gehandeld, is de veelzijdige benadering die toelaat schotten te doorbreken, vakken te overschrijden en sectoren te verbinden, op zich al innoverend.

De wereld moet mondiaal worden gedacht en de grootste uitdaging voor ons vandaag is de uitbouw van Europa in solidariteit met de rest van de wereld. Dat is het thema waarrond UCSIA een netwerk van Europese jezuïetencentra wist te mobiliseren. Op initiatief van Mark Rotsaert S.J., voorzitter van de Conferentie van de jezuïetenprovinciaals van Europa, ontwikkelde dit netwerk zich tot een vernieuwd sociaal weefsel dat de fundamenten legt voor een vernieuwende vorm van Europese burgerzin.

Het netwerk werd SCRIBANI genoemd in nagedachtenis van een vijfde markante jezuïet uit onze contreien: Carolus Scribani. Hij werd in 1561 in Brussel geboren uit een Italiaans-Vlaams huwelijk, trad toe tot de Sociëteit in Duitsland en studeerde in Keulen en Leuven. Hij werd rector van het jezuïetencollege in Antwerpen en werd in 1613 benoemd tot eerste provinciaal van de Provincie Flandro-Belgica. Scribani werd geboren na de dood van Canisius en stierf net voor de geboorte van Verbiest. Hij was een tijdgenoot van Lessius en een Europeaan avant-la-lettre.

In 2008 dienen zich nieuwe uitdagingen aan voor de Sociëteit, die dan haar 35ste Algemene Congregatie (Algemene Vergadering) houdt die de krijtlijnen voor de werking van de komende decennia zal bepalen, voor het SCRIBANI-netwerk, dat een derde conferentie over de integratie van West- en Oost-Europa en de rol van religie in dit proces, in september in Kosicé, Slowakije, organiseert en voor UCSIA dat in 2008 aan haar zesde werkjaar begint.

Het Jubeljaar, naar aanleiding waarvan het leven en werk van deze markante jezuïeten werd belicht, luidt een nieuwe periode in van zoeken naar nieuw evenwicht in een tijd vol creatieve spanning.

R.P. CAROLVS SCRIBANIVS *Bruxellensis, e Societate* IESV; *in qua Antuerpiæ et Bruxellæ Rector, ac Flandro-Belgicæ Provincialis, per multos annos fuit. Pietate, doctrina, consilio, rebus bono publico gestis, libris editis clarus. Obijt Antuerpiæ 24 Iun. anno 1629. ætatis 69.*

Ant. van Dyck pinxit *Petrus Clouet sculpsit*

Een vijfde markante jezuïet: Carolus Scribani

Inspirator van een nieuw Europees jezuïetennetwerk

Het Universitair Centrum Sint-Ignatius Antwerpen als motor van een Europees netwerk

Barbara Segaert

Het Universitair Centrum Sint-Ignatius Antwerpen (UCSIA)[1] werd in de loop van 2002 opgericht, als gevolg van de fusie van de Universitaire Faculteiten Sint-Ignatius Antwerpen (UFSIA) met de twee andere Antwerpse universitaire instellingen, het Rijksuniversitair Centrum Antwerpen (RUCA) en de Universitaire Instelling Antwerpen (UIA), tot een Universiteit Antwerpen. De idee was een onafhankelijk centrum te creëren dat de Antwerpse jezuïtische academische traditie zou voortzetten.

De statuten omschrijven het doel als volgt (artikel 3): '*Het doel van de vereniging is, in het perspectief van een christelijke levensbeschouwing in een geest van openheid en verdraagzaamheid, samen met de leden van de Sociëteit van Jezus en de leden van de Antwerpse universitaire gemeenschap, een hoogstaand internationaal multidisciplinair forum te bieden dat academische reflectie, vorming en dienstverlening ondersteunt en stimuleert over thema's die bijzondere gestalte geven aan de christelijke levensvisie om aldus dienstig te zijn aan het geloof en bij te dragen tot een meer rechtvaardige samenleving.*'

UCSIA concretiseert deze opdracht door een aanbod aan internationale en nationale colloquia, lezingen, leerstoelen, stipendia voor wetenschappers en zomercursussen rond actuele maatschappelijke thema's die te maken hebben met cultuur en geloof, interreligieuze en interculturele dialoog en sociale rechtvaardigheid. Deze thema's stonden ook op de agenda van de 34ste Algemene Congregatie (Algemene Vergadering) van de Sociëteit van Jezus en bepalen de krijtlijnen waarbinnen alle instituten en centra van de Sociëteit wereldwijd werken. De Sociëteit heeft zich altijd al onderscheiden door haar academische expertise, die nooit losstaat van de maatschappelijke realiteit. In die zin werkt ook UCSIA binnen het spanningsveld van academische reflectie en sociaal engagement.

Portret Carolus Scribani, ets van Petrus Clouet

Het wereldwijde netwerk van de Sociëteit biedt interessante perspectieven voor internationale samenwerking. Zo bestaan er reeds verscheidene netwerken met een specifiek doel, waaronder EUROJESS – ontstaan als een samenwerkingsverband van een twintigtal universitaire faculteiten voor sociale en politieke wetenschappen – en de 'Jesuit Refugee Service' – een internationaal netwerk actief in vijftig landen met als opdracht de rechten van vluchtelingen behartigen. Eind 2003 nam UCSIA op voorstel van Mark Rotsaert S.J., voorzitter van de Conferentie van de jezuïetenprovinciaals van Europa, het initiatief tot de oprichting van een nieuw Europees netwerk, het SCRIBANI-netwerk, dat zich specifiek toelegt op de reflectie over de uitbouw van Europa.

Het belang van de jezuïeten voor Antwerpen

Naar aanleiding van het jubileumjaar 2006 van de Sociëteit organiseerde UCSIA een feestelijke opening voor de Vlaamse en Nederlandse provincies en het SCRIBANI-netwerk in de Antwerpse jezuïetenkerk Carolus Borromeus op 10 december 2005.

Herman Van Goethem, hoogleraar geschiedenis aan de Universiteit Antwerpen, die een geïllustreerde geschiedenis over Antwerpen en de jezuïeten (1562-2002) uitbracht ter gelegenheid van de honderd vijftigste verjaardag van UFSIA, gaf een lezing waarin hij het belang van de Sociëteit voor onze contreien toelichtte. Bij wijze van inleiding volgen hier enkele passages uit zijn lezing.

In 1562 vestigden een aantal jezuïeten zich permanent in Antwerpen waar zij als priesters voor Spaanse, Portugese en Italiaanse handelaars en soldaten werkten. Dankzij financiële steun van de Spaanse natie waren zij in staat het Huis van Aken, gelegen in de 'oude strate' tussen de Korte Nieuwstraat en de latere Carolus Borromeuskerk, aan te kopen. Op 28 juni 1574 namen negen jezuïeten hun intrek in dit huis. Het waren tijden van sterke politieke en religieuze onrust.

De Sociëteit had een grote invloed, vooreerst op het vlak van onderwijs. In 1575 openden de jezuïeten een college. In 1607 verhuisde deze instelling naar het Hof van Liere aan de Prinsstraat, dat door de stedelijke overheid ter beschikking was gesteld. Het grote geloof in onderwijs was een typisch kenmerk van de jezuïetenorde en van de katholieke hervormingsbeweging. De innovatieve en intellectueel hoogstaande jezuïetencolleges bleken zeer succesvol. Vooraanstaande leden van de maatschappelijke elite werden er gevormd. Opvoeding stond niet los van evangelisatie. Als de studenten uit deze colleges voorbereid werden op belangrijke functies in de samenleving, dan was dit ook opdat zij als protagonisten van de katholieke wereldvisie zouden kunnen functioneren.

De jezuïeten verspreidden het geloof ook op andere manieren, voornamelijk door prediking, catechese en retraites. Zij moedigden burgers aan de mis bij te wonen en de sacramenten van biecht en communie regelmatig te ontvangen. Hun pastorale werk was vaak specifiek gericht op ongeschoolden en analfabeten.

De promotie van het geloof vond ook uitdrukking in de architectuur en kunst van de contrareformatie. Vanaf 1585 groeide Antwerpen uit tot een vesting van de contrareformatorische beweging, een militant katholieke stad die haar eigen geloof uitdroeg tegen het protestantisme. Al gauw werd de stad het Europese centrum van de contrareformatorische kunstproductie, zoals de Sint-Carolus Borromeus kerk (1615-1621), een van de meest elegante kerkgebouwen in de Lage Landen, illustreert. Antwerpen werd tevens een centrum voor publicatie van religieuze boeken en geschriften, aangezien de jezuïeten zich toelegden op de verspreiding van het geloof door het geschreven woord. Zij blonken uit in polemische publicaties. De jezuïeten hadden ook een politieke betekenis. Zij werden geassocieerd met de gevestigde orde van de Spaanse rooms-katholieke heersers. Tegen het einde van de zeventiende eeuw begon het tij te keren voor de Sociëteit. De orde was zo snel gegroeid dat ze aan kwaliteit en erkenning inboette. In de achttiende eeuw werd de Sociëteit zelfs openlijk in vraag gesteld. Verschillende factoren hebben hiertoe bijgedragen. In eerste instantie lokte de orde kritiek uit in progressieve kringen. Vanwege hun nauwe banden met het establishment werden de jezuïeten beschouwd als een conservatieve kracht. Erudiete jezuïeten hebben zich bijvoorbeeld sterk afgezet tegen de ideeën van de Verlichting. De Sociëteit werd zo meer en meer gezien als het symbool van de oude wereld, die voor een groeiend aantal burgers had afgedaan. Als protagonisten van het exuberante 'barokke' katholicisme konden de jezuïeten nog slechts op weinig sympathie rekenen van de moderne intelligentsia. Zij bekritiseerden ook de inhoud van het onderwijsprogramma waarin praktische vaardigheden en wetenschappelijke ontdekkingen die niet in de lijn lagen van het geloof, werden ondergewaardeerd.

De Sociëteit werd ook binnen de Kerk zelf bekritiseerd. Bisschoppen, gesteund door seculiere priesters, eisten pastorale activiteiten als catechese, biecht en prediking weer op. Een ander twistpunt betrof de subtiele casuïstiek waarmee jezuïeten morele dilemma's op de wijze van juristen oplosten, en zo de grenzen bepaalden van wat moreel was toegelaten. Dit alles culmineerde in de beslissing van paus Clemens XIV om in 1773 de Sociëteit van Jezus op te heffen.

In 1814 herstelde paus Pius VII de Sociëteit in eer, maar de jezuïeten stelden zich van dan af voorzichtiger op. De Belgische Provincie werd in 1832 gesticht. De jezuïeten trachtten de draad weer op te nemen en legden zich voornamelijk toe op onderwijs en geloofsverbreiding. In verscheidene Belgische steden werden colleges opgericht. Opnieuw kregen zij een grote invloed op de intellectuele training van de katholieke elite. Het Antwerpse Onze-Lieve-Vrouwecollege werd gesticht in 1840. In het licht van de toenemende competitie tussen de katholieke en publieke onderwijsnetten, stichtten de jezuïeten een paar jaar later ook de Sint-Ignatius Handelshogeschool, die later zou uitgroeien tot de Universitaire Faculteiten Sint-Ignatius Antwerpen.

2006: Jubileumjaar van de Sociëteit

De aanleiding voor het jubileumjaar is de vijfhonderste verjaardag van de geboorte van Franciscus Xaverius en Pierre Favre en de vierhonderd vijftigste verjaardag van de dood van Ignatius van Loyola. In 1529 ontmoetten deze drie elkaar in Parijs. In 1537 besloten zij vanuit Venetië naar Jeruzalem te trekken voor de evangelisatie van het Heilig Land. Maar dat jaar vertrokken er, vanwege de aanwezigheid van de Turkse vloot in de Middellandse Zee, geen schepen. Rome werd vervolgens hun Jeruzalem waar paus Paulus III de stichting van de Sociëteit van Jezus in 1540 goedkeurde. Xaverius was intussen al naar het Verre Oosten gestuurd. Favre zwierf door Europa en nam deel aan het Concilie van Trente, Ignatius bleef de orde vanuit Rome leiden.

Naar aanleiding van het herdenkingsjaar vond in het Noord-Spaanse Loyola van 26 november tot 3 december 2005 een bijeenkomst van een honderdtal provinciale oversten plaats onder leiding van Peter-Hans Kolvenbach[2]. De bijeenkomst in Loyola was tevens een voorbereiding op de Algemene Congregatie van begin 2008 waar de aandachtspunten voor de werking van de Sociëteit voor de komende jaren op het programma staan alsook de verkiezing van de volgende generale overste.

Op de bijeenkomst in Loyola was er veel aandacht voor de opleiding van nieuwe kandidaat-jezuïeten, 690 voor Europa[3]. Voorts kwam de vraag naar samenwerking met niet-jezuïeten, doorgaans vrouwelijke religieuzen en leken, ter sprake. De vraag naar het behoud van de identiteit wordt door deze samenwerking en het lage aantal nieuwe roepingen immers een prangend onderwerp. Aan het einde van de conferentie werden de jezuïeten er nog toe aangemaand sterker te ijveren voor de kwijtschelding van de schuldenlast van het Zuiden, voor ontwapening en voor een meer rechtvaardige uitwisseling tussen rijke en arme landen.

De bijeenkomst werd bijgewoond door Jan Koenot S.J., Vlaams provinciaal overste, en zijn voorganger Mark Rotsaert S.J., thans voorzitter van de Conferentie van de jezuïetenprovinciaals van Europa. Hiermee draagt Mark Rotsaert de verantwoordelijkheid over zevenduizend jezuïeten verspreid over een gebied van de Algarve tot Siberië, met inbegrip van het Midden-Oosten[4]. Hij begeleidde ook de integratie van UFSIA in de Universiteit Antwerpen en stond aan de wieg van UCSIA waarvan hij het peterschap opnam. Hij stimuleerde UCSIA tot het oprichten van een nieuw jezuïetennetwerk, bestaande uit 17 Europese instituten, het SCRIBANI-netwerk. Gedreven door dezelfde religieuze inspiratie als Schuman bij de oprichting van de Europese Unie, is Rotsaert de idee van een sterk Europa gedreven door sociaal engagement zeer genegen. De Sociëteit wordt aldus een nieuwe gesprekspartner voor de Europese Unie die de dialoog met kerken en geloofsgemeenschappen wil aangaan[5].

Interieur Carolus Borromeuskerk tijdens openingsceremonie van UCSIA in de Carolus Borromeus kerk, Antwerpen, op 10 december 2005

Scribani als inspirator van een nieuw Europees netwerk

De jezuïet Carolus Scribani, in 1561 in Brussel geboren uit een Italiaans-Vlaams huwelijk, studeerde in Keulen en Leuven, was rector van het eerste jezuïetencollege in Antwerpen en werd in 1613 benoemd tot eerste provinciaal van de Provincie Flandro-Belgica. Hij stierf in Antwerpen in 1629.

Het SCRIBANI-netwerk dat eind 2003 werd gesticht, bestaat vandaag uit zeventien partner-instituten uit België, Frankrijk, Engeland, Ierland, Italië, Spanje, Duitsland, Polen, Kroatië, Slowakije en Zweden. Een aantal instituten is gespecialiseerd in onderzoek en onderwijs zoals het Centre Sèvres in Parijs (theologie en bio-ethiek), het Institute for Religion and Public Life van Heythrop College in Londen (theologie en ethiek), het Centre for Bio-Ethics in Zagreb (bio-ethiek), het Institute of European Studies Deusto in Bilbao (Europese integratie), het Pedro Arrupe Institute in Palermo (politieke en sociale vorming), het Institute for the Study of Religions and Cultures in Rome (interculturele studies), de Faculty of Social Sciences van de Pontifical Gregorian University in Rome, het University Institute of Migration Studies Comillas in Madrid (migratie) en het Angelus Silesius House in Wrocław (onderwijs aan jongeren uit sociaal achtergestelde milieus). Sommige instituten leggen zich toe op volwassenenvorming, zoals het European Centre for Communication and Culture in Warschau (mediatraining voor journalisten en PR-opleiding), het Institut für Gesellschaftspolitik in München (Noord-Zuidrelaties) en het Newman Institute for Catholic Studies in Uppsala (algemene vorming) en het Center of Spirituality East-West of Michael Lacko in Kosicé. Andere hebben dan weer sociale dienstverlening tot doel, zoals de Brusselse vestiging van de Jesuit Refugee Service (vluchtelingenwerk) en het Jesuit Centre for Faith and Justice in Dublin (armoedebestrijding). Ten slotte maakt ook het Catholic European Study and Information Centre (OCIPE) met vestigingen in Brussel, Straatsburg, Warschau en Budapest – dat zich vooral toelegt op het opvolgen van de ontwikkeling van de Europese Unie – deel uit van het SCRIBANI-netwerk. UCSIA coördineert het geheel.

Het netwerk brengt aldus een aantal Europese jezuïetencentra samen die zowel aan onderzoek en onderwijs doen als actie voeren op het vlak van sociale rechtvaardigheid, interreligieuze en interculturele dialoog en cultuur in de Europese context. De missie van het netwerk is het bewustzijn van geloof en spiritualiteit in Europa versterken, bijdragen tot dialoog en communicatie tussen gemeenschappen van verschillende geloofsovertuigingen en culturele achtergronden en multidisciplinair advies verschaffen over Europese maatschappelijke kwesties door professionele uitwisseling en projecten zoals regionale en internationale conferenties.

De doelstellingen van het netwerk werden vastgelegd tijdens een eerste bijeenkomst in december 2003. Prof. dr. Ernst Hirsch Ballin, verbonden aan het departement Europees en Internationaal Recht van de Universiteit van Tilburg, toenmalig lid van de Raad van State van Nederland en betrokken bij de opmaak van het voorontwerp van de Europese grondwet, en Thomas Janssens van het Europees Economisch en Sociaal Comité van de Commissie werden gevraagd om een omvattend beeld te schetsen van de stand van zaken in de uitbouw van de Europese Unie. Onder de aanwezige vertegenwoordigers van de diverse centra bleek een gedeelde bekommernis te bestaan over de ongelijke economische ontwikkelingen van verschillende regio's binnen Europa, nieuwe vormen van nationalisme, uitsluiting van perifere staten en gebrek aan aandacht voor de rest van de wereld.

In verband met het ontwerp van Europese grondwet constateerden de SCRIBANI-vertegenwoordigers op deze vergadering dat dit niet genoeg stimulansen biedt voor solidariteit. Ook worden de mensenrechten onvoldoende belicht. De discussie over de Europese grondwaarden heeft de aandacht afgeleid van de echte problemen van sociale ongelijkheid en onrechtvaardigheid. Wellicht was het veel zinvoller geweest de nadruk te leggen op de menselijke waardigheid en de verduidelijking ervan, omdat het een bruikbaarder concept is om de identiteit van Europa in te vullen. Identiteit is namelijk een erg dubbelzinnig begrip en men kan zich de vraag stellen of er überhaupt zoiets bestaat als een Europese identiteit. Daarenboven is identiteit geen statisch gegeven, maar komt die tot uiting door een groeiproces. Een andere centrale vraag is, op welke wijze de Europese identiteit van buitenuit wordt gepercipieerd. In al deze kwesties zou de Sociëteit een steentje kunnen bijdragen door een intellectuele discussie op gang te brengen die gericht is op de sensibilisering van de Europese burger voor het belang van sociale rechtvaardigheid, door het inspireren van politici op basis van wetenschappelijke inzichten over de gevolgen van de uitbouw van de Europese Unie op lange termijn en door de bevordering van de interreligieuze dialoog in Europa via academische debatten.

Het was al duidelijk bij deze eerste bijeenkomst dat dit netwerk, de traditie van de Sociëteit indachtig, de blik meer naar buiten dan naar binnen zou richten. Dat bleek ook uit de keuze voor het thema van de eerste gezamenlijke conferentie, die door UCSIA in Antwerpen werd georganiseerd in september 2004. Meer dan tweehonderd vertegenwoordigers van de Europese academische wereld, het beleid en het terrein kwamen toen samen rond het thema van solidariteit in Europa uitgedaagd door de uitbreiding van de Europese Unie en het fenomeen van de migratie.

De tweede conferentie, die in september 2006 in München plaatsgreep, had de solidariteit tussen Europa en Afrika als thema. Het onderwerp werd gekozen vanwege de prioritaire aandacht van de Sociëteit voor het 'donkere continent'.

Een derde conferentie over de rol van religie in de integratie van Europa zal in september 2008 plaatshebben in Kosice, Slowakije. Het wordt door het 'Michael Lacko Center of Spirituality East-West' georganiseerd.

Al deze conferenties hebben 'solidariteit' als gemeenschappelijk sleutelwoord. Vrede en solidariteit lagen ooit aan de grondslag van de oprichting van de Europese Unie en dienen als hoeksteen van haar bestaan gerespecteerd te blijven.

Solidariteit binnen en buiten Europa

Kardinaal Danneels opende de eerste SCRIBANI-conferentie met een opgemerkte uiteenzetting over de essentie van een spiritueel Europa. Hij definieerde solidariteit als 'het delen van gemeenschappelijke ideeën door alle huidige en toekomstige burgers van de Europese Unie'. De kardinaal vroeg zich af of de Europese Unie in staat is de integratiecapaciteit te ontwikkelen en de universaliteitsgedachte ingang te doen vinden zoals Rome en Byzantium ooit deden. Dit veronderstelt een gemeenschappelijke basis die de eigenheid van de Europese gevoeligheid en genius, die zeker bestaat, kan benoemen.

Mark Rotsaert weidde, tijdens zijn rede op de eerste SCRIBANI-conferentie, uit over het grondthema van de solidariteit, de basis waarop in 1957 de grondleggers van de Europese Unie met zes lidstaten de gemeenschap oprichtten. Hij beklemtoonde dat, in de context van een geglobaliseerde wereld met grote migratiestromen en vijfentwintig lidstaten, de uitbreiding van de Unie een uitdaging is zonder weerga. Welk beleid voeren, op basis van welke waarden? Geloven wij in de multiculturele beschaving? Sommige nieuwe lidstaten hebben een katholieke meerderheid, maar er zijn ook orthodoxe en islamitische minderheden. Welk effect zal de eventuele toetreding van Turkije hierop hebben? Hoe zullen de grenzen van Europa worden bepaald en hoe zullen de 'outsiders' dit ervaren? Hoe kunnen we deze interne en externe solidariteit uitbouwen? Stuk voor stuk belangrijke vragen die een antwoord vergen. Het motto van Saint-Exupéry indachtig 'de toekomst voorzie je niet, die maak je mogelijk', moet vooral een inspirerende visie worden ontwikkeld, in plaats van de toekomst passief af te wachten. Mark Rotsaert ging ook in op de secularisering van het Europese continent. Een (Italiaans) gezegde 'in welvaart brandt er geen altaar' doet vermoeden dat stijgende welvaart leidt tot secularisering. Bij nader inzien – bijvoorbeeld in vergelijking met de Verenigde Staten – is dit niet steeds het geval. De secularisering in Europa blijkt een uniek fenomeen. In vergelijking met andere wereldmachten onderscheidt Europa zich door haar diversiteit, die zich uitdrukt in dertig talen en verschillende religieuze en culturele tradities. Toch is daar een eenheid uit ontstaan, uit een ethische bekommernis om verzoening en vredesbehoud. Dit moet uitdrukking vinden op economisch, politiek en sociaal vlak. De uitdaging van de toekomst is het versterken van solidariteit om uitsluiting, discriminatie en xenofobie te vermijden.

Europa moet volgens Rotsaert meer openstaan voor de noden van de omringende wereld. De grote successen van de buitenlandse politiek in Centraal- en Midden-Europa na de val van het communisme zouden herhaald moeten worden door de landen van de Balkan, Turkije en Oekraïne het vooruitzicht van lidmaatschap te bieden. De Europese Unie moet het voortouw nemen in de promotie van mensenrechten, individuele vrijheid en waarachtige democratie, ook in de Arabische buurstaten ten zuiden van de Middellandse Zee, door onze markten te openen voor eerlijke handel en onze grenzen te openen voor burgers die op zoek zijn naar een beter leven. Onze bekommernis zou ook moeten uitgaan naar Afrika om de beschamende toestand van ongelijke welvaart recht te trekken. Hij gaf aan dat dit de thema's zijn waarrond het SCRIBANI-netwerk verder zou moeten werken: secularisering van Europa, het omgaan met diversiteit op het Europese continent en Europese solidariteit met de armsten in de rest van de wereld.

Tot slot

Met de oprichting van het SCRIBANI-netwerk nam de Sociëteit van Jezus een initiatief ter bevraging van de Europese constructie en versterking van de samenwerking binnen Europa. Het netwerkinitiatief op zich is een oefening in coöperatie en een laboratorium voor Europese integratie. Het voordeel van éénzelfde missie, gebaseerd op dezelfde basiswaarden, die zich vertaalt in een grote diversiteit aan werkingen, in functie van de noden van de lokale gemeenschappen, zijn de troeven van dit netwerk. De opgebouwde expertise van de individuele partnerinstituten in de verschillende regio's van Europa maakt het netwerk tot een unieke bron van informatie en een barometer voor de Europese ontwikkeling.

Dit is een licht gewijzigde versie van een artikel dat eerder verscheen in het themanummer "Jezuïeten vandaag" van het maandblad "Streven" van juni 2006.

1. cf. www.ucsia.org
2. De wereldwijde organisatiestructuur van de Sociëteit is opgebouwd uit communauteiten die per provincie zijn gegroepeerd en op hun beurt zijn ingedeeld in tien 'Assistenties'.
Het hoofdkantoor van de Sociëteit van Jezus is gevestigd in Rome en omvat enkele grote secretariaten, die al een indicatie geven van de werkvelden van de jezuïeten. Er zijn secretariaten voor onderwijs en vorming, voor sociale rechtvaardigheid, voor de dialoog tussen de godsdiensten, voor vluchtelingenwerk en voor mediawerk. Er is ook een apart secretariaat voor de bevordering van de ignatiaanse spiritualiteit.
3. Op 1 januari 2005 telde de Sociëteit van Jezus 19.950 leden. Per werelddeel zijn zij als volgt verspreid: Afrika 1493, Zuid-Amerika 2227, Noord- en Centraal Amerika 4443, Azië 5507, Europa 6280. De Vlaamse provincie telde op 1 januari 2005 160 leden; de Nederlandse provincie 141.
4. De Europese provincie is onderverdeeld in vier 'Assistenties':
   1. West-Europa met Noord- en Zuid-België, Groot-Brittannië (met Zuid-Afrika, Guyana), Engelssprekend Canada, Franssprekend Canada, Frankrijk (met Griekenland en de Maghreb), Malta, het Nabije Oosten en Nederland.
   2. Zuid-Europa, met Italië, Spanje (Andalusië, Castilië, Catalonië, Loyola en Aragon) en Portugal (met Mozambique en Angola).
   3. Centraal-Europa, met Duitsland, Oostenrijk, Zwitserland, Hongarije en Litouwen.
   4. Oost-Europa met Bohemië, Kroatië, Noord- en Zuid-Polen, Roemenië, Rusland, Oekraïne, Slowakije en Slovenië
5. In het ontwerpverdrag van de grondwet van de Europese Unie werd een artikel opgenomen over de status van kerken en niet-confessionele organisaties (artikel I-51). De eerste twee bepalingen van het artikel luiden als volgt: 'De Unie eerbiedigt de status die kerken en religieuze verenigingen en gemeenschappen volgens het nationale recht in de lidstaten hebben en doet daaraan geen afbreuk. De Unie eerbiedigt evenzeer de status van levensbeschouwelijke en niet-confessionele organisaties.' De derde bepaling van artikel I-51 is: 'De Unie voert een open, transparante en regelmatige dialoog met die kerken en organisaties, met inachtneming van hun identiteit en hun specifieke bijdrage.'

IHS briefzegel.

Biografieën

Paul Begheyn S.J. studeerde filosofie en theologie in Nijmegen, Amsterdam en Berkeley, Californië (VS). Hij is oprichter en directeur van het Nederlands Instituut voor Jezuïeten Studies te Amsterdam en archivaris van de Nederlandse jezuïeten. Hij is de auteur van talloze publicaties, waaronder *Gids voor de geschiedenis van de jezuïeten in Nederland 1540-2000* (2006) en *Petrus Canisius en zijn catechismus. Geschiedenis van een bestseller* (2005). Hij werkt mee aan de kritische editie van de correspondentie van Petrus Canisius.

Henri C.F.J.A. de Waele studeerde Nederlands, internationaal en Europees recht aan de Katholieke Universiteit Nijmegen en de Katholieke Universiteit Leuven. Sinds 2003 is hij werkzaam als docent-onderzoeker aan de afdeling internationaal en Europees recht van de Nijmeegse faculteit der Rechtsgeleerdheid. Hij publiceert over Europees constitutioneel recht en volken-rechtsgeschiedenis.

Guido Erreygers is hoogleraar economie aan de Faculteit Toegepaste Economische Wetenschappen van de Universiteit Antwerpen. Hij behaalde in 1990 een doctoraat in de economische wetenschappen aan de Université Paris X – Nanterre. Hij publiceert onder andere over de geschiedenis van het economische denken.

Noël Golvers is doctor in de klassieke filologie, lector Latijn aan de Katholieke Hogeschool Leuven en research fellow aan het Ferdinand Verbiest Instituut van de KULeuven. Sinds 1986 geïnteresseerd in de jezuïetenmissie in China, die hij onderzoekt als ultiem hoofdstuk van humanistische (neo-Latijnse) cultuur en uitstraling. Meer specifiek onderzoekt hij de rol van de 'Vlaamse' Sociëteit in China in de tweede helft van de zeventiende eeuw.

Marc J.F. Lindeijer S.J. studeerde geschiedenis in Nijmegen. In 1994 trad hij in bij de jezuïeten. Na de gebruikelijke studies werd hij in 2002 priester gewijd. Hij was voormalig archivaris van de Nederlandse jezuïeten. Momenteel bereidt hij een proefschrift voor over het concept van heiligheid in de Sociëteit van Jezus in de twintigste eeuw. Hij publiceert op het gebied van kerk- en adelsgeschiedenis.

Mark Rotsaert S.J. studeerde filosofie, Romaanse filologie en theologie aan de KULeuven. Van 1987 tot 1993 en van 1999 tot 2003 was hij Provinciaal van de Vlaamse jezuïeten. Sinds 2000 is hij Voorzitter van de Conferentie van de jezuïetenprovinciaals van Europa. Van 2003 tot 2007 was hij tevens lid van de raad van bestuur van de Universiteit Antwerpen. Hij is lid van de raad van bestuur van UCSIA.

Barbara Segaert is licentiate in de Oosterse Filologie en Geschiedenis (Arabistiek en Islamkunde) en wetenschappelijk coördinator bij het Universitair Centrum Sint-Ignatius Antwerpen.

Toon Van Houdt doctoreerde in 1995 met een proefschrift over de economische ethiek van Leonardus Lessius. Sinds 1999 is hij vast verbonden aan het departement klassieke studies van de KU Leuven, waar hij onder meer de receptie van de Grieks-Romeinse oudheid doceert.

Bronnen illustraties

Cover	Foto Frederik Hulstaert.
tegenover p. 1	Foto Vincent Jauniaux, Universiteit Antwerpen.
p. 4.	Museum Het Valkhof, Nijmegen. Bruikleen van de Nederlandse Jezuïeten.
p. 10.	Nederlands Instituut voor Jezuïeten Studies, Amsterdam.
p. 16.	Rijksarchief Antwerpen, foto Frederik Hulstaert.
p. 20.	Museum van het Missiehuis van Scheut, Brussel.
p. 23.	Rijksarchief Antwerpen, foto Frederik Hulstaert.
p. 28.	Biblioteca Apostolica Vaticana.
p. 29.	Bibliothèque nationale de France, Parijs.
p. 31.	Rijksarchief Antwerpen, foto Frederik Hulstaert.
p. 36.	Rijksarchief Antwerpen, foto Frederik Hulstaert.
p. 38.	Loyola Antwerpen, foto Frederik Hulstaert.
p. 44.	Rijksarchief Antwerpen, foto Frederik Hulstaert.
p. 49.	Archief Vlaamse Jezuïeten, Leuven-Heverlee.
p. 54.	Archief Vlaamse Jezuïeten, Leuven-Heverlee.
p. 59.	Rijksarchief Antwerpen, foto Frederik Hulstaert.
p. 64.	Lessius Hogeschool, Jozef De Bomstraat 11, Antwerpen.
p. 70.	Katholiek Documentatie Centrum, Nijmegen.
p. 73.	Katholiek Documentatie Centrum, Nijmegen.
p. 77.	Particuliere collectie.
p. 80.	Archief Nederlandse Jezuïeten, Nijmegen.
p. 84.	Particuliere collectie.
p. 89.	Archief Nederlandse Jezuïeten, Nijmegen.
p. 93.	Particuliere collectie.
p. 96.	Foto Frederik Hulstaert.
p. 100.	Archief Vlaamse Jezuïeten, Leuven-Heverlee.
p. 105.	Foto Vincent Jauniaux, Universiteit Antwerpen.
p. 110.	Rijksarchief Antwerpen, foto Frederik Hulstaert.